FORSCHUNGSBERICHTE DES LANDES NORDRHEIN-WESTFALEN

Nr. 2281

Herausgegeben im Auftrage des Ministerpräsidenten Heinz Kühn
vom Minister für Wissenschaft und Forschung Johannes Rau

Dr. Walter Wübben

Finanzwissenschaftliches Forschungsinstitut
an der Universität zu Köln
Direktoren:
Prof. Dr. Karl Heinrich Hansmeyer
Prof. Dr. Dr. h. c. Günter Schmölders



# Verfahren kommunaler Einnahmeschätzung - Ein Beitrag zur rationalen Haushalts- und Finanzplanung der Gemeinden -

Springer Fachmedien Wiesbaden GmbH 1972

ISBN 978-3-531-02281-9 ISBN 978-3-663-19767-6 (eBook)
DOI 10.1007/978-3-663-19767-6

Ursprünglich erschienen bei Westdeutscher Verlag, Opladen 1972
Gesamtherstellung: Westdeutscher Verlag

Inhalt


Einführung

I. Zum Gegenstand der Untersuchung ... 7

II. Die Bedeutung des Grundsatzes der Genauigkeit für die Haushalts- und Finanzplanung ... 8

III. Rechtliche Grundlagen für die Veranschlagung der Einnahmen ... 10

IV. Abgrenzung der besonders problematischen Einnahmearten ... 14

A Ihre fiskalische Bedeutung ... 14

B Die exogene Beeinflussung der Einnahmeentwicklung ... 14

C Die spezifische Problematik der Grundsteuer und des Gemeindeanteils an der Einkommensteuer ... 16

Erster Abschnitt

Die Vorausschätzung der Gewerbesteuer nach Ertrag und Kapital ... 18

I. Darstellung und Kritik einiger derzeit praktizierter Schätzungsverfahren ... 18

A Das Verfahren des Arbeitskreises "Steuerschätzungen" ... 18

B Das Verfahren des Rheinisch-Westfälischen Instituts für Wirtschaftsforschung ... 20

C Verfahren der kommunalen Praxis ... 27

II. Entwicklung eines Verfahrens zur Vorausschätzung des Gewerbesteueraufkommens ... 28

A Grundlagen eines analytischen Gewerbesteuer-Schätzungsverfahrens ... 28

1. Die zahlungstechnischen Komponenten des Gewerbesteueraufkommens ... 29

a) Die Abschlußzahlungen aus der Basisveranlagung ... 29
b) Die Vorauszahlungen ... 30
c) Die sonstigen Zahlungen ... 33

2. Die wirtschaftlichen Komponenten des Gewerbesteueraufkommens ... 34

a) Entwurf einer "Quellenstatistik" ... 35
b) Der Aussagegehalt der Statistik für die Gewerbesteuerschätzung ... 40

B Die Vorausschätzung des Gewerbesteueraufkommens im Haushaltsjahr .......................... 45

1. Prognose des Veranlagungsvolumens der verschiedenen Erhebungszeiträume .................. 45

a) Das Volumen der Basisveranlagung ................ 45
b) Das Veranlagungsvolumen im "Entwurfsjahr" .............................. 46
c) Das Veranlagungsvolumen im Haushaltsjahr ................................ 47

2. Ableitung des Aufkommens aus den zahlungstechnischen Komponenten .................. 48

a) Das Aufkommen an Abschlußzahlungen aus der Basisveranlagung ........................ 49
b) Das Aufkommen an Vorauszahlungen ................ 50
c) Das Aufkommen an sonstigen Zahlungen .............. 51

C Die Vorausschätzung des Gewerbesteueraufkommens für die mittelfristige Finanzplanung der Gemeinden .......................... 52

1. Probleme mehrjähriger Schätzungen ................ 53

a) Trendschätzung versus zyklische Schätzung ...................................... 53
b) Die besondere Problematik mehrjähriger Schätzung im kommunalen Bereich .................. 54
c) Die Koordinierung der Finanzplanungen .............. 55

2. Die mehrjährige Vorausschätzung des Gewerbesteueraufkommens ........................ 56

a) Die Prognose des Veranlagungsvolumens der "Trendjahre" ........................ 57
b) Die Ableitung des Gewerbesteueraufkommens aus den Veranlagungsvolumina .............. 57

Zweiter Abschnitt

Die Vorausschätzung der Finanzzuweisungen .................... 59

I. Die Vorausschätzung der allgemeinen Finanzzuweisungen .................................. 60

A Das System der allgemeinen Finanzzuweisungen ...................................... 61

1. Bildung und Verwendung der kommunalen Finanzausgleichsmasse .......................... 61

2. Die Verteilung der Schlüsselmasse auf die Gemeinden ............................ 62

B Die Determinanten des Aufkommens an Schlüsselzuweisungen ............................ 67

C Entwicklung zweier Verfahren zur Vorausschätzung des Aufkommens an Schlüsselzuweisungen für die kommunale Haushaltsplanung .......... 70

1. Ein dezentralisiertes Schätzungsverfahren .......... 71

2. Ein zentralisiertes Schätzungsverfahren .......... 72

D Die Vorausschätzung des Aufkommens an Schlüsselzuweisungen für die mittelfristige Finanzplanung der Gemeinden .......... 73

II. Die Vorausschätzung der Zweckzuweisungen .......... 74

A Eine Systematisierung der Zweckzuweisungen .......... 74

B Die Vorausschätzung der Zweckzuweisungen für Haushalts- und Finanzplanung der Gemeinden .......... 76

Literaturverzeichnis .......... 78

Anmerkungen .......... 83

## Verzeichnis der Abkürzungen

| | |
|---|---|
| AO | Abgabenordnung |
| BewG | Bewertungsgesetz |
| BAnz | Bundesanzeiger |
| BGBl. | Bundesgesetzblatt |
| BIP | Bruttoinlandsprodukt |
| BMF | Bundesministerium der Finanzen |
| BT | Bundestag |
| EStG | Einkommensteuergesetz |
| FAG | Finanzausgleichsgesetz |
| GemHVO | Gemeindehaushaltsverordnung |
| GewStDV | Gewerbesteuer-Durchführungsverordnung |
| GewStG | Gewerbesteuergesetz |
| GewStR | Gewerbesteuerrichtlinien |
| GFRG | Gemeindefinanzreformgesetz |
| GG | Grundgesetz |
| GO | Gemeindeordnung |
| GrStBV | Grundsteuer-Buchführungsverordnung |
| GrStG | Grundsteuergesetz |
| GV | Gesetzes- und Verordnungsblatt |
| Gv | Gemeindeverbände |
| HdF | Handbuch der Finanzwissenschaft |
| HdSW | Handwörterbuch der Sozialwissenschaften |
| HGrG | Haushaltsgrundsätzegesetz |
| KGaA | Kommanditgesellschaft auf Aktien |
| KStG | Körperschaftsteuergesetz |
| NW | Nordrhein-Westfalen |
| RGBl | Reichsgesetzblatt |
| RWI | Rheinisch-Westfälisches Institut für Wirtschaftsforschung |
| StabG | Gesetz zur Förderung der Stabilität und des Wachstums der Wirtschaft |
| StAnpG | Steueranpassungsgesetz |
| VerwVO | Verwaltungsverordnung |

## I. Zum Gegenstand der Untersuchung

Aus Kreisen der kommunalen (1) Verwaltungspraxis und der kommunalen Spitzenverbände werden immer wieder Klagen darüber laut, daß den Kämmerern und den anderen mit der Aufstellung kommunaler Haushalte betrauten Beamten keine effizienten Verfahren zur Vorausschätzung (2) der Gemeindeeinnahmen zur Verfügung stehen (3) und sich die Wissenschaft nur zögernd und unzureichend mit den zahlreichen Spezialproblemen kommunaler Einnahmen befaßt. Es gibt zwar eine Vielzahl von Abhandlungen und Untersuchungen über allgemeine Prognoseprobleme, besonders über mathematisch-statistische Vorausschätzungsmethoden (4), jedoch kaum einen konkreten verfahrensmäßigen Ansatz für die Vorausbestimmung auch nur der wichtigsten gemeindlichen Einnahmearten.

Dabei macht die Erweiterung des Planungshorizontes durch die Empfehlung des Finanzplanungsrates, die mittelfristige Finanzplanung auch für die Gemeinden obligatorisch werden zu lassen (5) und die daraus resultierenden Einführungserlasse der Länder (6), die erstmals für den Planungszeitraum 1970 bis 1974 eine kommunale Finanzplanung zunächst auf freiwilliger Basis (7) vorsehen, gerade hier eine Verbesserung der Prognose- und Planungstechnik unentbehrlich. Die Gemeinden werden nämlich durch die mittelfristige Finanzplanung vor Probleme gestellt, die zwar grundsätzlich auch schon bei der jährlichen Haushaltsplanaufstellung bewältigt werden müssen, die sich aber im Rahmen längerfristiger Konzeptionen erheblich verschärfen. Mit den herkömmlichen Verfahren stehen die Gemeinden diesen Anforderungen hilflos gegenüber.

Will man Verfahren entwickeln, die eine möglichst exakte Einnahmeschätzung gewährleisten und für die Gemeindeverwaltungen brauchbar sein sollen, darf man nicht in den Fehler verfallen, das Leistungsniveau einer staatlichen Verwaltung vorauszusetzen und die Verwaltungskapazität der kleineren Gemeinden in mathematisch-statistischer und technisch-organisatorischer Hinsicht zu überfordern. Nicht nur Großstädte, sondern auch Mittel- und Kleingemeinden sollen und müssen ja ihre Einnahmen vorausschätzen und Pläne aufstellen.

Gegenstand der Untersuchung wird es demnach sein, praktikable Verfahren zu entwickeln, die die Spanne zwischen Sollansatz und Rechnungsergebnis minimieren und damit eine größere Effizienz der Haushalts- und Finanzplanung der Gemeinden ermöglichen. Wegen der Vielzahl der kommunalen Einnahmearten ist dabei eine Beschränkung auf die besonders problematischen Einnahmearten erforderlich, d.h. auf diejenigen, die sowohl infolge ihrer fiskalischen Bedeutung innerhalb des Gemeindefinanzsystems als auch wegen der Schwierigkeit ihrer Aufkommensschätzung den Haushalts- und Finanzplan mit beträchtlicher Unsicherheit belasten.

Infolge der literarischen Vernachlässigung des Problemkreises war eine Vielzahl von Gesprächen bzw. Interviews - insbesondere für die Bestandsaufnahme der derzeit in den Gemeinden praktizierten Schätzungsverfahren - erforderlich, die mit Bürgermeistern, Stadtdirektoren, Kämmerern und sonstigen mit der Aufstellung kommunaler Haushalte betrauten Beamten, denen ich hiermit meinen Dank entrichten möchte, in der Zeit vom Dezember 1967 bis zum September 1970 geführt wurden.

## II. Die Bedeutung des Grundsatzes der Genauigkeit für die Haushalts- und Finanzplanung

In den sog. Haushaltsgrundsätzen, die Heinig als "begrifflich formulierte Erkenntnisse von Weltgeltung" (8) beschrieb, findet die wissenschaftliche Kritik an den Unvollkommenheiten der öffentlichen Finanzgebarung ihren Niederschlag (9). Schon in der älteren finanzwissenschaftlichen Literatur wurde zu diesen Grundsätzen stets die Forderung nach der Genauigkeit der Haushaltsansätze gezählt. So hat Lotz, der als "moderne Grundsätze der Budgettechnik" neben der Genauigkeit der Budgetveranschlagung die Öffentlichkeit, Vollständigkeit und Einheitlichkeit und Spezialisierung des Budgets nennt, bereits im Jahre 1917 erklärt: "Das vollkommenste, was ein Finanzminister leisten kann, ist, daß das Istbudget völlig mit dem Sollbudget übereinstimmt" (10).

Aus den jüngeren Beiträgen zur Lehre von den Haushaltsgrundsätzen sei die Systematik Neumarks erwähnt, der die Budgetprinzipien in "statische" und "dynamische" gliedert. Zur ersten Gruppe, die sich auf Inhalt und Form des Haushaltsplanes bezieht, gehören die Grundsätze der Vollständigkeit, der Einheit und der Klarheit, während unter die zweite Kategorie, die sich auf Vorbereitung und Durchführung des Budgets bezieht, das Vorherigkeits-, das Spezialitäts-, das Öffentlichkeitsprinzip und eben der Grundsatz der Genauigkeit fallen (11).

Die Grundsätze des Budgetwesens stellen keine willkürlichen Postulate dar, sondern sind Maximen, die sich aus den Funktionen des Haushaltsplans ableiten. Um die Bedeutung des Grundsatzes der Genauigkeit und damit einer genauen Einnahmeschätzung für die Haushalts- und auch die Finanzplanung zu erfassen, ist deshalb zu untersuchen, inwieweit eine Erfüllung dieses Grundsatzes für eine funktionsgerechte Haushalts- und Finanzplanung unentbehrlich ist.

Mit Neumark lassen sich als Funktionen des Haushaltsplans eine finanzpolitische, eine allgemein-politische, eine rechtliche und eine wirtschaftspolitische Budgetfunktion nennen (12). Die finanzpolitische Funktion des Haushaltsplanes - und das gilt entsprechend für den Finanzplan - besteht darin, "durch planmäßige Voraussicht die ökonomische Rationalität der Haushaltsführung und die Wahrscheinlichkeit zu steigern, daß die Durchführung der projektierten Aufgaben finanziell möglich ist" (13). Es liegt auf der Hand, daß Budget und Finanzplan weder ihrer finanzwirtschaftlichen Ordnungsfunktion gerecht werden können noch eine rationale Entscheidung über Deckungs- und Ausgabenpolitik ermöglichen, wenn die Sollansätze der Einnahmen infolge eines mangelhaften Schätzungsverfahrens deutlich von den Ist-Einnahmen abweichen.

Weiterhin hat der Haushaltsplan die "spezifisch-politische" Funktion zu erfüllen, "einmal dem Kompromiß, der den notwendigen Abschluß des immer wieder sich erneuernden Machtkampfes zwischen den verschiedenen politischen Gruppen bildet, eine exakte und ... verbindliche Grundlage zu geben, und zum anderen dem Parlament die Möglichkeit zu einer regelmäßig wiederkehrenden Einflußnahme auf die Exekutive im Sinne einer Lenkung, Begrenzung und Kontrolle der Verwaltungstätigkeit zu sichern" (14). Das Budget kann aber nur dann "ein getreues Spiegelbild des gesamten politischen Programms der Regierung" (15) und damit ein in Zahlen ausgedrückter politischer Kompromiß sein, wenn das tatsächliche Aufkommen den veranschlagten Einnahmen möglichst nahe kommt. Bei einer Über- bzw. Unterschätzung der Einnahmen wären politische Maßnahmen (z.B. Einbringung eines Nachtragshaushalts) erforderlich, die den erzielten Kompromiß in Frage stellen könnten. Diese allgemein-politische Funktion hat der Finanzplan nur eingeschränkt zu erfüllen, da er eine geringere Verbindlichkeit besitzt und jährlich geänderten wirtschaftlichen und politischen Bedingungen angepaßt werden kann. Er ist in seiner politischen Bedeutung etwa mit der einer Regierungserklärung zu vergleichen.

"Damit das Budget mehr ist als ein unverbindliches Programm, muß es offensichtlich eine rechtliche Bedeutung besitzen, die gewährleistet, daß Regierung und Verwaltung sich an die Budgetansätze faktisch gebunden erachten, indem außer- und überplanmäßige Finanztransaktionen als gesetzwidrig gelten und daher gewisse Sanktionen nach sich ziehen" (16). Außerdem muß der Haushaltsplan die "Grundlage einer rationellen Finanzkontrolle" (Haushaltsprüfung) bilden. Unter diesem rechtlichen Aspekt ist ein Verstoß gegen das Genauigkeitsprinzip zumindest bei den Einnahmeansätzen irrelevant: "Da die Voranschläge der Einkünfte ... keinerlei juristische Bedeutung besitzen, werfen (erhebliche) Mehr- oder Mindereinnahmen gegenüber den Haushaltplanansätzen zwar wichtige finanzpolitische Fragen auf, nicht aber haushaltrechtliche" (17). Dies gilt um so mehr für den Finanzplan, da er keinerlei rechtliche Verbindlichkeit für die Exekutive besitzt.

"Wie die Finanzpolitik selbst, so ist heute auch der Haushaltplan, der jene verkörpert und für ein Jahr im voraus zu ordnen trachtet, nicht lediglich ein Instrument von rein finanzwirtschaftlichem Interesse, sondern darüber hinaus ein Ordnungsmittel, das der Realisierung und Rationalisierung einer bestimmten Wirtschaftspolitik dient" (18). Die wirtschaftspolitische Funktion kann das Budget nur erfüllen, wenn die Einnahmen möglichst genau geschätzt werden; ansonsten fehlen die Entscheidungsunterlagen für eine rationale Struktur- und Prozeßpolitik. Werden die Einnahmen z.B. unterschätzt und sollte der Haushaltsplan expansive gesamtwirtschaftliche Wirkungen hervorrufen, so wird infolge dieser Unterschätzung das Budget ceteris paribus zumindest nur eingeschränkt zur wirtschaftlichen Expansion beitragen. Dem mittelfristigen Finanzplan hingegen können zwar eine struktur- und wachstumspolitische, nicht aber eine unmittelbar konjunkturpolitische Funktion zuerkannt werden, denn beim heutigen Stand der Konjunkturtheorie ist eine Konjunkturprognose für einen Zeitraum von vier bis fünf Jahren - die Voraussetzung einer mittelfristigen antizyklischen Fiskalpolitik wäre - unmöglich (19). Zur Erfüllung der sonstigen wirtschaftspolitischen Aufgaben ist aber auch bei der Finanzplanung die Einhaltung des Grundsatzes der Genauigkeit unabdingbare Voraussetzung.

Es zeigt sich also, daß ohne genaue Einnahmenschätzung eine funktionsgerechte Haushalts- und Finanzplanung unmöglich ist. Der Genauigkeitsgrundsatz darf aber nicht als apodiktische Forderung nach einer völligen Übereinstimmung zwischen Soll- und Istbudget mißverstanden werden. Absolute Genauigkeit wird selbst mit einem noch so perfektionierten Schätzungsverfahren kaum je zu erreichen sein, "um so weniger, je dynamischer die Volkswirtschaft wird, aus der die Finanzwirtschaft lebt und innerhalb welcher sie wirkt. Man wird sich daher stets mit einer relativen Genauigkeit zufriedengeben müssen" (20).

Abschließend noch ein Wort zu bewßten Verstößen gegen den Genauigkeitsgrundsatz. So mag bei Vollbeschäftigung und schleichender Inflation eine systematisch betriebene Unterschätzung der Einnahmen und Überschätzung der Ausgaben wirtschaftspolitische Vorteile haben. In diesem Vorgehen spiegeln sich "die Unzulänglichkeiten der parlamentarischen Willensbildung und das Unvermögen der Exekutive, sich offen dem Ausgabendruck des Parlaments zu widersetzen und eine straffe Haushaltspolitik durchzusetzen. Für eine politisch und ökonomisch rationale Haushaltsgebarung ist dagegen eine möglichst exakte Prognose der in das Budget eingehenden Größen zu fordern" (21). Die "sincerity" zwischen Exekutive und Legislative ist also letztlich eine politische Frage; auf die Problematik bewußter Verstöße gegen den Grundsatz der Genauigkeit soll deshalb im folgenden nicht näher eingegangen werden.

## III. Rechtliche Grundlagen für die Veranschlagung der Einnahmen (22)

Die Rechtsgrundlagen für den Ausweis der Einnahmen im Haushaltsplan finden sich in den Gemeindeordnungen, die nur die grundsätzlichen Fragen des Gemeindehaushaltsrechts regeln, und in den Gemeindehaushaltsverordnungen der Länder.

§ 87 Abs. 1 GO NW verlangt ganz allgemein, daß der Haushaltsplan alle voraussehbaren Einnahmen und Ausgaben des kommenden Rechnungsjahres enthalten muß. § 8 GemHVO NW konkretisiert: "Der Haushaltsplan muß alle Einnahmen und Ausgaben der Gemeinde enthalten, die voraussichtlich im kommenden Rechnungsjahr fällig werden; Einnahmen, deren Eingang im kommenden Rechnungsjahr nicht erwartet werden kann, sind nicht zu veranschlagen" (§ 8 Abs. 1 Satz 1 GemHVO NW). Weiter heißt es: "Die Einnahmen und Ausgaben sind gewissenhaft und sorgfältig zu schätzen, soweit sie in ihrer voraussichtlichen Höhe nicht nach den Unterlagen errechnet werden können oder nach den Weisungen des Bundes oder des Landes zu veranschlagen sind. Bei der Schätzung sind die Ergebnisse der Vorjahre zu berücksichtigen" (§ 8 Abs. 2 GemHVO NW).

Die finanzwirtschaftliche Bedeutung des § 87 Abs. 1 GO NW und des § 8 Abs. 1 GemHVO NW besteht in der gesetzlich zwingenden Anordnung der sachlichen Vollständigkeit des Haushaltsplans. "Dieser Grundsatz rechtfertigt sich ohne weiteres aus der Tatsache, daß ein Haushaltsplan, der nicht alle Einnahmen und Ausgaben enthält, seine finanzwirtschaftliche Planungs-, Ausgleichs- und Sicherungsaufgabe nicht erfüllen kann" (23).

Durch § 8 Abs. 2 GemHVO NW wird der Grundsatz der Genauigkeit gesetzlich verankert. In den Haushaltsplan für ein neues Rechnungsjahr können naturgemäß nur voraussehbare Einnahmen und Ausgaben aufgenommen werden. Steht eine Ausgabe oder Einnahme nur dem Grunde nach, nicht aber auch der Höhe nach fest, so kann und muß sie mit einem geschätzten Ansatz vorgesehen werden, der der tatsächlichen Ausgabe oder Einnahme mit größtmöglicher Wahrscheinlichkeit entspricht. Tatsächlich zweifelhafte Einnahmebeträge sind im Gegensatz zu den Ausgaben grundsätzlich nicht zu veranschlagen.

Für die Veranschlagung im Haushaltsplan ist weiterhin die Frage entscheidend, nach welchen Grundsätzen die Einnahmen und Ausgaben zeitlich auf die einzelnen Rechnungsjahre verteilt werden. Hierfür sind generell zwei Möglichkeiten gegeben:

Man kann von dem kassenmäßigen Eingang und Ausgang der einzelnen Zahlungen ausgehen und sie jeweils dem Rechnungsjahr zuweisen, in das die kassenmäßige Erledigung fällt. Nach diesem Grundsatz muß sich dann die Veranschlagung im Haushaltsplan richten. Diese "Ist-Veranschlagung" ist zweifellos das einfachere Verfahren, da es vor allem die Entstehung von Resten vermeidet. Das andere Verfahren geht von dem rechtlichen Tatbestand der Fälligkeit der Forderungen und Verbindlichkeiten der Gemeinde aus. Diese "Soll-Veranschlagung" ist sicherlich das dem Wesen jeder Haushaltsführung gemäßere Verfahren und führt in der Soll-Rechnung auch zu wesentlich aufschlußreicheren Ergebnissen. Es muß allerdings die Schwierigkeiten in Kauf nehmen, die durch die Entstehung von Resten am Jahresschluß auftreten.

Die GemHVO NW bekennt sich in § 8 zum Grundsatz der Soll-Veranschlagung. Nach Abs. 1 muß der Haushaltsplan alle Einnahmen der Gemeinde enthalten, die voraussichtlich im kommenden Rechnungsjahr fällig werden; jedoch sind Einnahmen, deren Eingang im kommenden Rechnungsjahr nicht erwartet werden kann, nicht zu veranschlagen. Hier erfährt also der Grundsatz der Soll-Veranschlagung eine Einschränkung. "Um jedoch ein zutreffendes Bild der wirklich vorhandenen Deckungsmittel zu gewinnen, sind in Durchbrechung des Sollgrundsatzes die Einnahmen nicht zu veranschlagen, die erfahrungsgemäß bei vorsichtiger Schätzung im kommenden Rechnungsjahr nicht eingehen; derartige Einnahmen sind lediglich in den Erläuterungen nach § 24 Abs. 2 Nr. 2 summenmäßig aufzuführen" (VerwVO Erl. 2 (2) Satz 2).

Bei grundsätzlicher Anwendung der Soll-Veranschlagung soll durch diese Einschränkung vermieden werden, daß der Haushaltsplan Deckungsmittel vortäuscht, mit deren Eingang in Wirklichkeit gar nicht zu rechnen ist. Danach ist bei der Veranschlagung der Einnahmen wie folgt zu verfahren: Es muß zunächst festgestellt werden, auf welche Einnahmen insgesamt die Gemeinde bei Zugrundelegung des Zeitpunktes der Fälligkeit im kommenden Rechnungsjahr Anspruch hat. Alsdann ist zu prüfen, ob und in welcher Höhe der Eingang dieser Einnahmen im kommenden Rechnungsjahr erwartet werden kann.

Tab. 1: Einnahmen der Gemeinden (Gv.) nach Arten [1)]

in Mill. DM

| Art der Einnahmen | Rechnungsjahr 1965 | 1966 | 1967 | 1968 |
|---|---|---|---|---|
| Steuern: | | | | |
| Grundsteuer A | 428,8 | 434,0 | 438,3 | 439,4 |
| Grundsteuer B | 1.471,4 | 1.579,5 | 1.695,1 | 1.780,1 |
| Gewerbesteuer nach Ertrag und Kapital | 8.564,2 | 9.224,7 | 9.156,3 | 9.550,2 |
| Lohnsummensteuer | 733,4 | 783,5 | 765,9 | 811,2 |
| Zuschlag zur Grunderwerbsteuer | 364,6 | 393,1 | 386,1 | 443,4 |
| Gemeindegetränkesteuer | 73,4 | 76,7 | 79,3 | 77,0 |
| Kinosteuer | 20,8 | 15,9 | 13,6 | 10,4 |
| Übrige Vergnügungssteuer | 74,3 | 70,6 | 70,3 | 68,2 |
| Hundesteuer | 38,9 | 41,6 | 44,5 | 45,1 |
| Alle übrigen Gemeindesteuern | 39,3 | 42,4 | 47,8 | 49,9 |
| Steuereinnahmen insgesamt: | 11.808,9 | 12.662,0 | 12.697,4 | 13.274,9 |
| Steuerähnliche Einnahmen | 63,1 | 65,6 | 63,7 | 70,0 |
| Gebühren, Entgelte, Strafen | 5.778,3 | 6.570,0 | 7.377,0 | 7.857,6 |
| Konzessionsabgaben usw. v. wirtsch. Unternehmen | 601,7 | 658,7 | 712,3 | 750,7 |
| Mieten und Pachten | 669,8 | 756,0 | 814,9 | 867,7 |
| Zinsen | 623,5 | 717,7 | 754,0 | 833,8 |
| Gewinnanteile v. wirtsch. Unternehmen | 177,1 | 186,3 | 194,6 | 171,6 |
| Zuweisungen von Zweckverbänden usw. | 150,6 | 143,5 | 141,7 | 170,1 |
| Rückeinnahmen der Sozialhilfe | 474,7 | 495,0 | 548,6 | 602,5 |
| Sonstige Verwaltungs- u. Betriebseinnahmen | 2.058,9 | 2.210,7 | 2.290,8 | 2.487,2 |
| Rückflüsse von Darlehen | 318,8 | 315,3 | 432,0 | 501,4 |
| Erlöse aus Vermögensveräußerungen | 649,6 | 744,5 | 772,7 | 991,2 |
| Schuldenaufnahmen aus Kreditmarkt- und öffentlichen Sondermitteln | 5.572,9 | 4.814,5 | 4.398,7 | 4.640,6 |
| Innere Darlehen | 361,6 | 336,6 | 272,3 | 289,2 |
| Entnahmen aus Rücklagen usw. | 2.219,2 | 2.238,3 | 2.333,5 | 2.559,9 |
| Zuweisungen und Darlehen vom Land (Bund): | | | | |
| Spezielle Zuweisungen | 6.046,4 | 6.525,9 | 6.875,9 | 7.111,9 |
| Darlehen | 397,6 | 298,7 | 322,5 | 443,1 |
| Allgemeine Finanzzuweisungen | 4.864,4 | 5.303,6 | 5.478,9 | 5.490,0 |
| Gesamteinnahmen: | 42.837,0 | 45.042,8 | 46.481,3 | 49.113,4 |

[1)] Quelle: Statistisches Bundesamt
Differenzen in den Summen durch Runden der Zahlen

Tab. 2: Aufkommen der vier fiskalisch bedeutendsten Einnahmearten der Gemeinden, absolut und in v.H. der Gesamteinnahmen, in den Rechnungsjahren 1967 und 1968 1)

| Art der Einnahmen | Rechnungsjahr | | | |
|---|---|---|---|---|
| | 1967 | | 1968 | |
| | in Mio. DM | in v.H. der Gesamteinnahmen | in Mio. DM | in v.H. der Gesamteinnahmen |
| Gewerbesteuer nach Ertrag und Kapital | 9.156,3 | 19,7 | 9.550,2 | 19,4 |
| Gebühren, Entgelte, Strafen | 7.377,0 | 15,9 | 7.857,6 | 16,0 |
| Schuldenaufnahmen aus Kreditmarkt- und öffentlichen Sondermitteln | 4.398,7 | 9,4 | 4.640,6 | 9,4 |
| Zuweisungen vom Land (Bund) | 12.354,8 | 26,6 | 12.601,9 | 25,7 |
| Insgesamt: | 33.286,8 | 71,6 | 34.650,3 | 70,5 |
| Gesamteinnahmen: | 46.481,3 | 100,0 | 49.113,4 | 100,0 |

1) Quelle: Statistisches Bundesamt

Tab. 3: Änderung der gemeindlichen Einnahmestruktur durch die Gemeindefinanzreform 1)

| Einnahmen | 1967 | | | |
|---|---|---|---|---|
| | tatsächlich 2) | | | |
| | Mrd. DM | % | Mrd. DM | % |
| Steuern und steuerähnliche Einnahmen | 12,80 | 28,0 | 13,31 | 28,8 |
| Grundsteuern | 2,12 | 4,6 | 2,12 | 4,6 |
| Gewerbesteuer nach Ertrag und Kapital | 9,12 | 19,9 | 5,17 | 11,2 |
| Lohnsummensteuer | 0,76 | 1,7 | 0,76 | 1,6 |
| Gemeindeanteil a.d. Einkommensteuer 3) | - | - | 4,46 | 9,7 |
| Zuschlag zur Grunderwerbsteuer | 0,39 | 0,9 | 0,39 | 0,8 |
| Sonstige Gemeindesteuern | 0,41 | 0,9 | 0,41 | 0,9 |
| Gebühren | 8,09 | 17,7 | 8,09 | 17,5 |
| Zuweisungen vom Land (Bund) | 12,36 | 27,0 | 12,36 | 26,7 |
| Schuldenaufnahmen | 4,99 | 10,9 | 4,99 | 10,8 |
| Sonstige Einnahmen | 7,50 | 16,4 | 7,50 | 16,2 |
| Gesamteinnahmen | 45,75 | 100,0 | 46,25 | 100,0 |

1) Quelle: Elsner, H., und Schüler, M., Das Gemeindefinanzreformgesetz. Kommentar, Hannover 1970, S. 70
2) Diese Zahlen beruhen teilweise auf Schätzungen. Daraus ergeben sich auch die Abweichungen zur Einnahmenstatistik der Tab. 1
3) 14 v.H. der Lohnsteuer und veranlagten Einkommensteuer (ohne Stadtstaaten)

## IV. Abgrenzung der besonders problematischen Einnahmearten

Die Vielfalt der kommunalen Einnahmen (vgl. Tab. 1) macht es erforderlich, vorab diejenigen Einnahmearten zu bestimmen, deren Schätzung einen erheblichen Einfluß auf die Finanzwirtschaft der Gemeinden ausübt und die folglich einer eingehenden Analyse unterzogen werden müssen.

### A Ihre fiskalische Bedeutung

Das erste Kriterium für das Bestehen einer solchen problematischen Einnahmeart ist ihre fiskalische Bedeutung innerhalb des Gemeindefinanzsystems, dessen Struktur deshalb anhand der Einnahmestatistik veranschaulicht werden soll.

Die Tab. 1 und 2 machen deutlich, daß das kommunale Finanzsystem bis zur Gemeindefinanzreform im wesentlichen durch vier Einnahmearten geprägt wurde, die zusammen 70,5 v.H. der Gesamteinnahmen im Rechnungsjahr 1968 ausmachten. Wenngleich strukturelle Besonderheiten die Proportionen in einzelnen Gemeinden verschieben können, so ist die Präponderanz dieser Einnahmearten doch allgemein: Die Gewerbesteuer nach Ertrag und Kapital (kurz: Gewerbesteuer) besaß in 1968 einen Anteil von 19,4 v.H. an den Gesamteinnahmen aller Gemeinden (Gv.), die Gebühren, Entgelte und Strafen (kurz: Gebühren) erbrachten 16,0 v.H., die Schuldenaufnahmen aus Kreditmarkt- und öffentlichen Sondermitteln (kurz: Darlehen) 9,4 v.H. und die Zuweisungen, die in allgemeine Finanzzuweisungen und Zweckzuweisungen getrennt werden sollen, 25,7 v.H. aller Einnahmen.

Durch die Verabschiedung des Gemeindefinanzreformgesetzes (24), das erstmals im Jahre 1970 angewendet wurde, ist eine Änderung der gemeindlichen Einnahmestruktur eingetreten (vgl. Tab. 3). Mit der Einführung des Gemeindeanteils an der Einkommensteuer und der Gewerbesteuerumlage ist das kommunale Finanzsystem einerseits um eine aufkommenstarke Einnahmeart bereichert worden, während zum anderen die fiskalische Bedeutung der Gewerbesteuer eingeschränkt wurde. Aus der fiktiven Rechnung in Tab. 3 ist zu entnehmen, daß die fünf Einnahmearten Gewerbesteuer (11,2 v.H.), Gemeindeanteil an der Einkommensteuer (9,7 v.H.), Gebühren (17,5 v.H.), Darlehen (10,8 v.H.) und Finanzzuweisungen (26,7 v.H.) 75,9 v.H. des gesamten Aufkommens an kommunalen Einnahmen im Jahre 1967 erbracht hätten.

### B Die exogene Beeinflussung der Einnahmeentwicklung

Voraussetzung für das Vorliegen einer besonders problematischen Einnahmeart ist neben ihrer fiskalischen Bedeutung der Schwierigkeitsgrad ihrer möglichst exakten Veranschlagung im Haushaltsplan. Es ist offensichtlich, daß die Schätzung einer Einnahmeart für die Gemeinden um so problematischer wird, je stärker die Einnahmeentwicklung von exogenen Faktoren beeinflußt wird, d.h. je weniger sie von der Gemeinde selbst gesteuert werden kann, und je diffiziler die Intensitätsentwicklung der exogenen Faktoren zu prognostizieren ist. Die fünf fiskalisch bedeutendsten Einnahmearten sind also auf die Beeinflussung ihres Aufkommens durch exogene Faktoren zu untersuchen.

Die Gewerbesteuer ist vorwiegend (mit annähernd 85 v.H. des Gesamtaufkommens (25) eine Steuer auf den Gewerbeertrag, d.h. auf den einkommen- bzw. körperschaftsteuerlichen Gewinn aus Gewerbebetrieb, der allerdings gewisse Hinzurechnungen und Kürzungen erfährt (26). Die Gewerbesteuereinnahmen werden also entscheidend durch Konjunktur und Wirtschaftswachstum sowie strukturelle Entwicklungen determiniert. Infolge ihrer Abhängigkeit von diesen exogenen Faktoren ist die Gewerbesteuer als besonders problematische Einnahmeart zu klassifizieren.

Das Aufkommen aus dem Gemeindeanteil an der Einkommensteuer ist zwar auch von der Entwicklung exogener Variablen abhängig, doch besitzen diese Faktoren für die Gemeinden weitgehend Datencharakter. Wegen dieser spezifischen Problematik soll auf die "Gemeindeeinkommensteuer" zusammen mit der Grundsteuer weiter unten kurz eingegangen werden.

Die Einnahmen aus Gebühren (27) werden durch die Entwicklung der Veranschlagungsgrundlagen bestimmt, die weitgehend bekannt sind und zudem in aller Regel keinen sprunghaften Veränderungen unterliegen, sowie durch die Gebührensätze, die als endogene Variable durch die Gemeinde selbst gesteuert werden. Es fehlen also bedeutende exogene Einflußfaktoren, so daß die Schätzung der Gebühreneinnahmen relativ unproblematisch ist.

Die Aufnahme von Darlehen dürfte als verbindlicher Beschluß des Gemeindeparlaments (endogene Variable) keine Schwierigkeiten bei der Veranschlagung im Haushaltsplan bereiten, obwohl sie einer Gesamt- (§ 78 GO NW) und Einzelgenehmigung (§ 80 GO NW) der Aufsichtsbehörde bedarf. Um so mehr muß es zunächst überraschen, daß ein Vergleich der Ergebnisse der amtlichen Haushaltsansatzstatistik mit den Rechnungsergebnissen z.B. für 1965 ein Soll von 5.594,6 Mio. DM ergibt, dem ein Ist von nur 4.032,4 Mio. DM gegenübersteht; die Haushaltsansätze liegen also um mehr als 35 v.H. über den effektiven Darlehensaufnahmen. Die Erklärung gibt der umstrittene § 92 Nr. 2 GO NW, demzufolge Vorhaben, deren Kosten ganz oder teilweise aus Mitteln des außerordentlichen Haushaltsplans zu decken sind, erst in Angriff genommen werden dürfen, wenn die dafür vorgesehenen Einnahmen eingegangen sind oder wenn der rechtzeitige Eingang rechtlich und tatsächlich gesichert ist (28). Es werden folglich die Gesamtbeträge eines Objekts - unabhängig davon, ob sie sich über mehrere Rechnungsjahre verteilen - häufig bereits im Jahr des Baubeginns angesetzt. Die Abweichungen sind also nicht auf ein Schätzungsproblem zurückzuführen; die Darlehen zählen nicht zu den besonders problematischen Einnahmearten.

Die Höhe der Finanzzuweisungen wird von einer Reihe exogener Einflußfaktoren determiniert: Die Steuerkraftentwicklung der Gemeinden eines Landes bei den Schlüsselzuweisungen und die Gestaltung der Verteilungsrichtlinien durch die Exekutive bei den zweckgebundenen Zuweisungen seien als Beispiel angeführt. Die Vielzahl exogener Variabler verleiht der Schätzung der Finanzzuweisungen eine besondere Problematik, die eine eingehende Untersuchung erfordert.

Als besonders problematische Einnahmearten erweisen sich also die Gewerbesteuer und die Finanzzuweisungen, da ihre Aufkommensschätzung die Haushaltswirtschaft der Gemeinden mit einer beträchtlichen Unsicherheit belastet. Um diese Unsicherheit einzuschränken, sind Verfahren zu entwickeln, die eine möglichst exakte Veranschlagung im gemeindlichen Haushaltsplan gewährleisten. Zunächst ist aber noch auf zwei Einnahmearten einzugehen, die sich durch ihre spezifische Problematik auszeichnen, nämlich auf die Grundsteuer und den Gemeindeanteil an der Einkommensteuer.

## C Die spezifische Problematik der Grundsteuer und des Gemeindeanteils an der Einkommensteuer

Die Grundsteuer zählt nicht zur Kategorie der besonders problematischen Einnahmearten, da sie das Kriterium der fiskalischen Bedeutung nicht erfüllt. Nach der ursprünglichen Konzeption sollte diese Realsteuer neben der Gewerbesteuer eine der beiden tragenden Säulen des kommunalen Steuersystems sein. Sie verlor aber im Verhältnis zur Gewerbesteuer zunehmend an fiskalischer Relevanz, da die Einheitswerte für den Grundbesitz - Bemessungsgrundlage der Grundsteuer (§ 10 GrStG) - noch immer auf den Wertverhältnissen des Jahres 1935 beruhen (29). Heute beträgt ihr Aufkommen nicht einmal mehr ein Viertel des Gewerbesteueraufkommens und weniger als 5 v.H. der Gesamteinnahmen der Gemeinden. Das sind aber Durchschnittswerte: In ländlichen Gemeinden und reinen Wohngemeinden kann sie noch immer ein wesentlicher finanzwirtschaftlicher Faktor sein, deshalb soll hier kurz auf die Schätzung ihres Aufkommens eingegangen werden.

Die Grundsteuer zerfällt in eine Grundsteuer A auf die land- und forstwirtschaftlichen Betriebe und eine Grundsteuer B auf die übrigen Grundstücke. Die Steuerschuld ergibt sich aus der Anwendung einer Steuermeßzahl auf den Einheitswert (§ 11 GrStG); der daraus resultierende Steuermeßbetrag wird dann mit dem Hebesatz multipliziert, der von der Gemeinde für jedes Rechnungsjahr neu festzusetzen ist (§ 21 GrStG). Variationen des Grundsteueraufkommens lassen sich folglich auf Veränderungen der Einheitswerte, der Steuermeßzahlen und/oder der Hebesätze zurückführen.

Die letzte steuerwirksame Hauptfeststellung hat - wie oben geschildert - im Jahre 1935 stattgefunden; die Feststellung zum 1.1.1964 wird frühestens 1974 steuerwirksam. Änderungen der bestehenden Einheitswerte können also nur durch Nachfeststellungen - bei Neugründung einer wirtschaftlichen Einheit bzw. Untereinheit oder Wegfall einer Steuerbefreiung oder Fortschreibungen, es werden Art-, Zurechnungs- und Wertfortschreibung unterschieden, - bewirkt werden. Nachfeststellungen oder Fortschreibungen werden grundsätzlich erst im folgenden Jahr steuerwirksam.

Die Veränderungen der Einheitswerte werden hauptsächlich durch die Neubebauung von Grundstücken und das Auslaufen der Grundsteuerbefreiungen im sozialen Wohnungsbau hervorgerufen. Da diese das Grundsteueraufkommen beeinflussenden Faktoren zum Zeitpunkt der Steuerschätzung weitgehend bekannt sind, besteht hier eher ein organisatorisches als ein methodisches Schätzungsproblem, nämlich die Sicherung eines zeitnahen Informationsflusses innerhalb der Kommunalverwaltung, vor allem zwischen Bauaufsichtsamt - hier müssen die Bauanträge gestellt werden - und Steueramt bzw. Kämmerei:

Die Steuermeßzahlen sind gesetzlich fixiert (§§ 28, 29, 33 GrStDV) und werfen deshalb keine Prognose-, sondern höchstens Rechenprobleme auf.. Die Hebesätze werden innerhalb bestimmter Grenzen von den Gemeinden autonom festgesetzt: sie können folglich als endogene Variable der kommunalen Finanzpolitik eingestuft werden. Insgesamt kann man also feststellen, daß sich das Schätzungsrisiko bei der Grundsteuer durch entsprechende organisatorische Maßnahmen in sehr engen Grenzen halten läßt.

Auch die Schätzung des Gemeindeanteils an der Einkommensteuer unterliegt einer spezifischen Problematik, da sein Aufkommen zwar von der Entwicklung exogener Faktoren abhängig ist, diese aber den Gemeinden vom Lande vorgegeben werden und somit als Daten in den Schätzungskalkül eingehen.

Das Aufkommen aus dem Gemeindeanteil an der Einkommensteuer ist von der Entwicklung zweier exogener Faktoren abhängig; einmal von den Steuerbeträgen, "die von den Finanzbehörden im Gebiet des Landes unter Berücksichtigung der Zerlegung nach Artikel 107 Abs. 1 des Grundgesetzes vereinnahmt werden" (§ 1 GRFG), zum anderen von der Schlüsselzahl, nämlich dem "in einer Dezimalzahl ausgedrückten Anteil der Gemeinde an dem nach § 1 auf die Gemeinden eines Landes entfallenden Steueraufkommen" (§ 2 GFRG). Beide exogenen Faktoren enthalten aber für die Haushalts- und Finanzplanung der Gemeinden keine Schätzungsproblematik. Das Steueraufkommen, das auf die Gemeinden eines Landes verteilt werden soll (30), läßt sich aus den Ansätzen im Haushaltsplanentwurf bzw. Finanzplan des betreffenden Landes ableiten. Der Schlüssel wird auf Grund der Bundesstatistiken über die Lohnsteuer und die veranlagte Einkommensteuer ermittelt und durch Rechtsverordnung der Landesregierung vor Beginn des ersten Jahres seiner Anwendung festgesetzt. Da nach § 2 Abs. 1 Nr. 2 des Gesetzes über Steuerstatistiken (31) die Statistik der Steuern vom Einkommen zudem nur alle drei Jahre durchgeführt wird und die Schlüsselzahlen vier bis sechs Jahre zurückliegende Verhältnisse widerspiegeln (32), ist die Schwierigkeit einer genauen Vorausschätzung auch für die mittelfristige Finanzplanung nur gering. Der Gemeindeanteil an der Einkommensteuer kann deshalb nicht zu den besonders problematischen Einnahmearten gezählt werden.

## Erster Abschnitt
## Die Vorausschätzung der Gewerbesteuer nach Ertrag und Kapital

### I. Darstellung und Kritik einiger derzeit praktizierter Schätzungsverfahren

Bevor der Versuch unternommen wird, ein Schätzungsverfahren zu entwickeln, das den Bedürfnissen der gemeindlichen Gewerbesteuerschätzung gerecht wird, sollen einige derzeit praktizierte Verfahren dargestellt werden, die gemäß dem Umfang des Schätzbereiches nach Schätzungen auf Bundes-, Landes- und Gemeindeebene systematisiert werden. Diese Schätzungsmethoden sind daraufhin zu untersuchen, ob sie den Ansprüchen genügen, denen ein Verfahren gerecht werden muß, das eine möglichst exakte Schätzung der Gewerbesteuereinnahmen der einzelnen Gemeinde ohne übermäßigen Verwaltungsaufwand gewährleisten soll. Dabei richtet sich die Kritik der Vorausschätzungen auf Bundes- und Landesebene nicht gegen die Verfahren als solche; sie soll vielmehr die Mängel aufdecken, die bei einer Rezeption dieser Verfahren für kommunale Schätzbereiche entstehen würden.

#### A Das Verfahren des Arbeitskreises "Steuerschätzungen"(33)

Der Arbeitskreis "Steuerschätzungen", dem unter der Federführung des Bundesministeriums der Finanzen Vertreter des Bundeswirtschaftsministeriums, des Statistischen Bundesamtes, der Deutschen Bundesbank sowie der Bundesländer, führender Wirtschaftsforschungsinstitute und der Bundesvereinigung kommunaler Spitzenverbände angehören, nimmt ein- und mehrjährige Schätzungen der Steuereinnahmen der einzelnen Gebietskörperschaften zum Zwecke der Haushalts- und mittelfristigen Finanzplanung vor. Der Arbeitskreis schätzt das Steueraufkommen jährlich in der Regel zweimal voraus. Die erste Beratung dient der Ermittlung der Sollansätze für den Haushaltsentwurf; kurz vor der 2. und 3. Lesung des Bundeshaushalts im Bundestag wird das ausgebrachte Steuersoll nochmals überprüft.

Dabei werden die Steuereinnahmen auf drei verschiedenen Wegen abgeleitet, die sich gegenseitig ergänzen und in ihren Ergebnissen kontrollieren sollen:

1. in Anknüpfung an die voraussichtliche nominale Entwicklung des Bruttosozialprodukts; hierbei werden die Zielprojektionen des Bundesministeriums für Wirtschaft berücksichtigt.

2. durch Berücksichtigung der für die einzelnen Steuerarten verfügbaren volkswirtschaftlich-statistischen Unterlagen und

3. durch Fortschreibung der Entwicklungsrhythmik der einzelnen Steuerarten unter Berücksichtigung der jeweiligen Steuerrechtsänderungen.

Die Schätzung der Einnahmen aus der Gewerbesteuer nach dem Ertrag, die infolge ihrer fiskalischen Bedeutung (gemäß Finanzbericht 1970 annähernd 85 v.H. des Aufkommens aus der Gewerbesteuer nach Ertrag und Kapital) die Schätzung der gesamten Gewerbesteuereinnahmen weitgehend determiniert, erfolgt in enger Anlehnung an die Ableitung des Aufkommens aus der veranlagten Einkommensteuer und der Körperschaftsteuer. Der Veranlagungsrhythmus entspricht - mit einer gewissen zeitlichen Verzögerung - dem der beiden anderen Veranlagungssteuern. Die Verzögerung entsteht dadurch, daß die Finanzämter die Steuermeßbeträge feststellen und die Gemeinden vor Ausstellung der Steuerbescheide erst noch die Steuerschuld unter Anwendung des jeweiligen Hebesatzes ermitteln müssen. So wird das Aufkommen aus der Gewerbesteuer z.B. für das Jahr 1970 ebenso wie das der beiden anderen Veranlagungssteuern wesentlich von der Veranlagung des Geschäftsjahres 1968 bestimmt (34).

Unter Berücksichtigung dieser steuertechnischen Besonderheit und evtl. steuerrechtlicher Änderungen wird das Gewerbeertragsteueraufkommen in 1970 auf der Basis des voraussichtlichen Ergebnisses für das Jahr 1969 und in Abhängigkeit von der erwarteten Veränderung des nominalen Bruttosozialprodukts für 1970, die sich über die Ertragsentwicklung auf die Höhe der Vorauszahlungen auswirkt, mittels eines Elastizitätskoeffizienten geschätzt. Dieser Koeffizient, der auf Grund der finanzstatistischen Ergebnisse der Vorjahre errechnet wird, gibt an, um welchen Hundertsatz sich das Steueraufkommen ändert, wenn das Sozialprodukt um 1 v.H. wächst. Langfristig wird bei der Gewerbesteuer nach dem Ertrag mit einer Aufkommenselastizität von etwa 1 bis 1,1 gerechnet, d.h. es wird eine annähernde Proportionalität zwischen der Entwicklung des Sozialproduktes und der des Gewerbeertragsteueraufkommens unterstellt.

Kritisch ist zu diesem Verfahren zu sagen, daß das Sozialprodukt - abgesehen davon, daß nur das Inlandsprodukt ein aussagefähiger Indikator wäre, da der Gewerbesteuer ausschließlich im Inland betriebene Gewerbebetriebe unterliegen (35) - keine homogene Größe darstellt, sondern aus verschiedenartigen Komponenten zusammengesetzt ist. Die Anteile des Sozialprodukts, die z.B. unter dem Verteilungsaspekt auf die Unternehmer- oder die Arbeitnehmereinkommen entfallen, oder die Anteile, die unter dem Verwendungsaspekt für Investitions- oder Verbrauchszwecke aufgewendet werden, können in ihrer Entwicklung mehr oder weniger stark von der des Bruttosozialprodukts abweichen. Zudem wird die wirtschaftliche Entwicklung der einzelnen Gemeinden infolge ihrer spezifischen Wirtschaftsstruktur allgemein von der Veränderung des Sozialprodukts der gesamten Volkswirtschaft abweichen. Letztlich sei noch kritisch vermerkt, daß die komplexe Struktur des Gewerbesteueraufkommens, das sich aus Vorauszahlungen, Abschlußzahlungen aus der Basisveranlagung und sonstigen Zahlungen zusammensetzt (36), nicht genügend berücksichtigt wird; durch die Verwendung des Elastizitätskoeffizienten wird vielmehr eine Abhängigkeit zwischen der Entwicklung des Sozialprodukts und des Gewerbeertragsteueraufkommens unterstellt, die in dieser mechanischen Form nicht gegeben ist. Die Schätzungsmethode des Arbeitskreises "Steuerschätzungen" ist also zumindest für kommunale und damit eng begrenzte Schätzbereiche zu wenig differenziert, da es ihr einmal an der notwendigen Disaggregierung der gesamtwirtschaftlichen Einflußgrößen, zum anderen an der analytischen Behandlung der komplexen Aufkommensstruktur mangelt.

Die Schätzung der Einnahmen aus der Gewerbesteuer nach dem Kapital wird - nur unwesentlich modifiziert - aus der angenommenen Entwicklung des Vermögensteueraufkommens abgeleitet. Dieses Verfahren mag angesichts der fiskalisch weitaus geringeren Bedeutung der Gewerbekapitalsteuer für eine Schätzung auf Bundesebene gerechtfertigt sein, genügt aber für eine "kleinräumliche" Prognose, für die das "Gesetz der großen Zahl" keine Gültigkeit besitzt, allein schon deshalb nicht, weil der Steuermeßbetrag nach Gewerbekapital in der einzelnen Gemeinde durchaus vom Bundesdurchschnitt abweichen und von erheblicher fiskalischer Relevanz sein kann.

## B Das Verfahren des Rheinisch-Westfälischen Instituts für Wirtschaftsforschung (37)

Das Verfahren des Rheinisch-Westfälischen Instituts für Wirtschaftsforschung, Mitglied des Arbeitskreises "Steuerschätzungen", soll deshalb einer kritischen Darstellung unterworfen werden, weil es eine Regionalisierung der Steuerschätzung auf Landesebene (für das Bundesland Nordrhein-Westfalen) vornimmt und damit Ansatzpunkte für eine noch stärker regionalisierte Schätzung auf Gemeindeebene liefern könnte, etwa im Sinne einer "Kommunalfunktion", die aus der "Landesfunktion" abzuleiten wäre.

Die Analyse und Prognose der wirtschaftlichen Entwicklung im Bundesgebiet und in Nordrhein-Westfalen bilden die Grundlage für die Berechnung und Vorausschätzung des Steueraufkommens in beiden Gebieten, da unterstellt wird, daß die Entwicklung der Steuereinnahmen eng mit der wirtschaftlichen Entwicklung verbunden ist. Als Maß für den Umfang der Wirtschaftstätigkeit werden das nominale Bruttoinlandsprodukt und die Verwendungsaggregate des nominalen Bruttosozialprodukts, die als exogene Variable aus der Zielprojektion des Bundesministeriums für Wirtschaft übernommen werden (38), sowie die Beiträge von 16 Wirtschaftsbereichen (39) zum Bruttoinlandsprodukt (Nettoproduktionswerte) gewählt. Das erste Untersuchungsziel ist also die Ermittlung der jährlichen Veränderungsraten der Beiträge der Wirtschaftsbereiche zum Bruttoinlandsprodukt im Gesamtraum und in der zu analysierenden Teilregion.

Die Verwendungsaggregate werden als Nachfragekomponenten des Sozialprodukts aufgefaßt. Zunächst wird mithin festgestellt, wie sich die aus den exogen vorgegebenen Verwendungsaggregaten resultierende Nachfragesteigerung auf die wichtigsten Branchen verteilt (40). Die in der Vergangenheit herrschende Abhängigkeit der Wirtschaftsbereiche des Bundesgebietes von den sie vorwiegend bestimmenden Verwendungsaggregaten wird mathematisch durch "Nachfragefunktionen" beschrieben.

Zur Aufstellung der Nachfragefunktionen ist für die vergangenen Jahre zu analysieren,

- welche Verwendungsaggregate des Sozialprodukts auf die Produktionstätigkeit welcher Wirtschaftsbereiche einwirken (implizite Form der Nachfragefunktionen),
- welcher Art der Zusammenhang zwischen einem Verwendungsaggregat und dem Beitrag eines Wirtschaftsbereiches zum Bruttoinlandsprodukt ist (explizite Form der Nachfragefunktionen).

Als Ausgangsmaterial dienen die Beiträge der 16 Wirtschaftsbereiche, die etwa 80 v.H. (41) der gesamten Produktion des Jahres 1965 erstellten, zum Bruttoinlandsprodukt des Bundesgebiets. Auf Grund ökonomischer Überlegungen wird eine Vorentscheidung darüber getroffen, welche Verwendungsaggregate als Nachfragekomponenten für die einzelnen Sektoren überhaupt in Frage kommen. Danach wird durch graphische Indikation der endgültige Kreis der bestimmenden Variablen festgestellt, indem die jährlichen Zuwachsraten des Verwendungsaggregates und der Branchenproduktion in einem Koordinatensystem aufgetragen werden. Aus der Tendenz und der Streuung der "Punktwolke" wird abgelesen, ob zwischen der Nachfragegröße und der wirtschaftlichen Entwicklung des betreffenden Sektors ein statistischer Zusammenhang besteht.

Um diese Beziehungen in eine - wie es heißt - für Prognosezwecke brauchbare mathematische Form zu bringen, werden zwischen den jährlichen Wachstumsraten der Nachfragegrößen und den jährlichen Wachstumsraten der zugeordneten Produktionsgrößen Regressionsanalysen durchgeführt. Die gesuchten Abhängigkeiten werden durch folgenden Typ der Nachfragefunktion beschrieben:

$$\dot{y}_j^B = a_j + b_j \dot{A}_j^{c_j} \qquad (j = 1 \ldots\ldots\ldots 16)$$

$\dot{y}_j^B$ = Jährliche Veränderungsrate (in v.H.) des Beitrages des Wirtschaftsbereiches j zum Bruttoinlandsprodukt im Bundesgebiet (B).

$\dot{A}_j$ = Jährliche Veränderungsrate (in v.H.) des Verwendungsaggregats $A_j$, das als Nachfragegröße die Produktion im Wirtschaftsbereich j beeinflußt. Welche Komponente jeweils für $A_j$ einzusetzen ist, ergibt sich aus den oben dargestellten Überlegungen.

$a_j, b_j, c_j$ = Regressionsanalytisch zu bestimmende Parameter der Nachfragefunktion des Wirtschaftsbereiches j. In den Fällen, in denen die Beziehung zwischen Produktion und Verwendungsaggregat stärker von der Konjunktur- als von der Trendkomponente geprägt wird, werden für die mittelfristigen, reinen Trendberechnungen $a_j = 0$ und $c_j = 1$ gesetzt. Dasselbe gilt, falls die Gestalt der Punktwolke auf einen zu losen Zusammenhang hindeutet.

Aus der Branchenentwicklung im Bundesgebiet wird nun mit Hilfe der sog. "Regionalfunktion" versucht, die Entwicklung und die regionalen Besonderheiten der Branchen in einem Teilraum abzuleiten.

Eine Teilregion und der übergeordnete Raum bilden in der Regel einen einheitlichen Wirtschaftsraum mit starker Interdependenz. Diese wechselseitigen Beziehungen beruhen u.a. auf dem überregionalen Wettbewerb zwischen Firmen gleicher Branchen, auf der räumlichen Diffusion des technischen Fortschritts, auı einheitlichen Rechtsverhältnissen in beiden Räumen usw. Wenn noch hinzukommt, daß die Teilregion den Umfang eines größeren Bundeslandes annimmt - wie im Beispiel Nordrhein-Westfalen -, so kann in erster Näherung unterstellt werden, daß die Entwicklung einer Branche im Teilraum nicht wesentlich von der Entwicklung dieser Branche im Gesamtraum abweicht. Aus einer unterschiedlichen Unternehmensstruktur innerhalb eines Sektors in beiden Gebieten oder aus Standortvor- und -nachteilen der Teilregion können sich jedoch regionale Besonderheiten ergeben. Führen diese Besonderheiten über längere Zeit zu "systematischen" Abweichungen, so wird der in der Vergangenheit bestehende Zusammenhang zwischen der Entwicklung einer Branche im Bundesgebief, die sich aus den Nachfragefunktionen ergibt, und der Entwicklung derselben Branche in der Teilregion mathematisch in den Regionalfunktionen näher formuliert.

Die Regionalfunktionen sollen folglich den Zusammenhang zwischen den Produktionswerten eines Wirtschaftsbereichs im Bundesgebiet und in einem Bundesland beschreiben. Die Regressionsanalyse wird mit dem gleichen Funktionstyp wie bei den Nachfragefunktionen durchgeführt:

$$\dot{y}_j^L = \alpha_j + \beta_j \, (\dot{y}_j^B)^{\gamma_j} \qquad (j = 1 \ldots\ldots\ldots 16)$$

Hierin bedeuten:

$\dot{y}_j^L$ = jährliche Veränderungsrate (in v.H.) des Beitrages des Wirtschaftsbereiches j zum Bruttoinlandsprodukt im Bundesland (L).

$\dot{y}_j^B$ = jährliche Veränderungsrate (in v.H.) der entsprechenden Größe im Bundesgebiet (B).

$\alpha_j, \beta_j, \gamma_j$ = regressionsanalytisch zu bestimmende Parameter der Regionalfunktion für den Wirtschaftsbereich j im Lande L. In den Fällen, in denen eine Landesbranche wesentlich stärkeren konjunkturellen Schwankungen unterliegt als dieselbe Branche im gesamten Bundesgebiet, wird empfohlen, $\alpha_j = 0$ und $\gamma_j = 1$ zu setzen. Dasselbe gilt, falls die Punktwolke aus Bundes- und Landeswerten nur einen losen Zusammenhang andeutet.

Für Prognosezwecke wird nun unterstellt, daß die Parameter der aus Vergangenheitswerten berechneten Nachfrage- und Regionalfunktionen auf mittlere Sicht weitergelten. Die vorgegebenen Werte der Verwendungsaggregate der Globalschätzung werden für den Prognosezeitraum in die Nachfragefunktionen eingesetzt. Auf diese Weise ergibt sich zunächst die Branchenentwicklung in der Gesamtregion, die ihrerseits - in die Regionalfunktionen eingeführt - zu den Beiträgen der entsprechenden Wirtschaftsbereiche zum Bruttoinlandsprodukt der Teilregion führt.

In Abb. 1 sind die beiden Hauptschritte des Verfahrens noch einmal durch ein Pfeilschema dargestellt. Es wird dabei deutlich, daß die Werte der gesamtwirtschaftlichen Größen als exogene Variablen fungieren, während die Beiträge der Wirtschaftsbereiche zum Bruttoinlandsprodukt in beiden Räumen endogene Variablen sind.

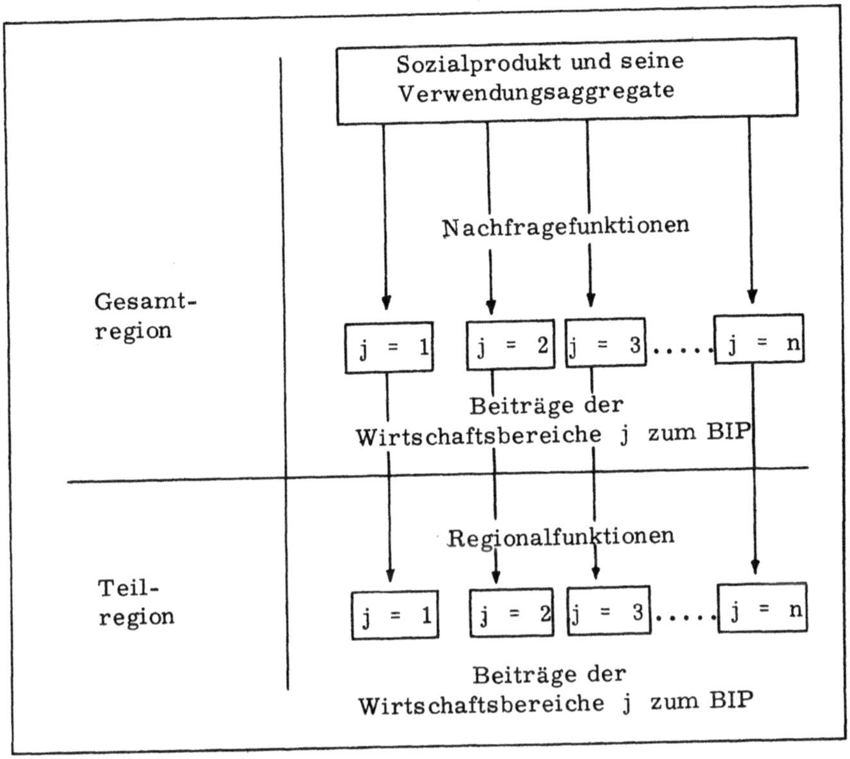


Abb. 1: Verfahren des RWI zur Vorausschätzung der wirtschaftlichen Entwicklung im Bundesgebiet und in Nordrhein-Westfalen (Pfeilschema)

Quelle: Fischer, J., Die Ableitung der regionalen Branchenentwicklung aus gesamtwirtschaftlichen Vorausschätzungen, a.a.O., S. 103

Nachdem so in einem ersten Schritt die wirtschaftliche Entwicklung im Bundesgebiet und in Nordrhein-Westfalen prognostiziert worden ist, wird nun mittels sog. "Einkommensfunktionen" versucht, die Abhängigkeit der Entwicklung der steuerpflichtigen Einkommen von der wirtschaftlichen Entwicklung darzustellen.

Angaben über die Entwicklung der steuerpflichtigen Einkommen, die bei diesem.Ansatz zur Basis des Analyse- und Prognoseverfahrens werden, stehen nicht unmittelbar zur Verfügung. Es wurden deshalb die in den Einkommen- und Körperschaftsteuerstatistiken für 1954, 1957, 1961 und z.T. für 1965 nachgewiesenen Angaben durch Fortschreibungsreihen zu durchlaufenden Daten für 1954 bis 1966 verbunden. Die Berechnungen legten den Stand der Steuergesetzgebung von 1961 zugrunde und ließen sich mangels regionaler Fortschreibungsreihen nur für das Bundesgebiet durchführen. Die Einkommen wurden nach überwiegender Einkunftsart und im Falle der gewerblichen Einkünfte - die für die Vorausschätzung der Gewerbesteuer allein interessieren - nach den oben erwähnten 16 Wirtschaftszweigen gegliedert.

In der Analyse wird die Einkommens- und Produktionsentwicklung des Bundesgebietes in der Vergangenheit zwecks Aufstellung von Einkommensfunktionen in funktionalem Zusammenhang gesehen. Die zur Einkommensteuer veranlagten Einkommen $Q_E$ bzw. die körperschaftsteuerpflichtigen Einkommen $Q_k$ werden als abhängige Variable, die Beiträge der Wirtschaftsbereiche j zum Bruttoinlandsprodukt Y als unabhängige Variable betrachtet. In einigen Fällen dienen auch andere Größen wie z.B. Kapitalintensität und Arbeitsproduktivität als exogene Variable.

Der allgemeine Ansatz zur Bildung von Einkommensfunktionen lautet also:

$$\bar{Q}_{Ej} = f(\bar{Y}_j);$$

$$\bar{Q}_{Kj} = F(\bar{Y}_j),$$

wobei $\bar{Q}$ als Index des Einkommens und $\bar{Y}$ als Index der Produktion auf der Basis 1954 = 100 gemessen wurden.

Die Parameter dieser Funktionen werden interregional als gleich unterstellt, d.h. die für das Bundesgebiet errechneten funktionalen Beziehungen gelten auch für das Land Nordrhein-Westfalen, wenn dessen Nettoproduktionswerte $\bar{Y}^L_j$ aus den Bundeswerten $\bar{Y}^B_j$ mittels Regionalfunktionen abgeleitet werden. Die zu bestimmenden Variablen $\bar{Y}^L_j$ der Regionalfunktionen werden also in den Einkommensfunktionen ihrerseits zu vorherbestimmten Größen. Durch Einsetzen von $\bar{Y}^B_j$ bzw. $\bar{Y}^L_j$ wird so die Einkommensentwicklung im Bundesgebiet bzw. in Nordrhein-Westfalen ermittelt:

$$\bar{Q}^B_{Ej} = f(\bar{Y}^B_j); \quad \bar{Q}^B_{Kj} = f(\bar{Y}^B_j)$$

$$\bar{Q}^L_{Ej} = f(\bar{Y}^L_j); \quad \bar{Q}^L_{Kj} = f(\bar{Y}^L_j)$$

Im Falle der für die Gewerbesteuer relevanten körperschaftsteuerpflichtigen Einkommen und einkommensteuerpflichtigen Einkommen mit Einkünften überwiegend aus Gewerbebetrieb (42) wird der Analyse ein linearer Zusammenhang zwischen dem Beitrag der 16 Wirtschaftsbereiche zum Bruttoinlandsprodukt und dem Einkommen zugrunde gelegt:

$$\bar{Q}_j = a_j + b_j \bar{Y}_j \quad (j = 1, 2 \ldots\ldots 16)$$

Diese relativ starke Vereinfachung wird vorgenommen, da das Einkommen - insbesondere das der Körperschaften - im Konjunkturverlauf besonders starken Schwankungen unterworfen ist. Für die Prognose wird dann unterstellt, daß die Einkommensfunktionen und ihre Parameter auch für die Zukunft gelten.

Für die Schätzung der Gewerbesteuer nach dem Gewerbeertrag werden die so ermittelten Einkommen zugrunde gelegt. Dem Einfluß der Hinzurechnungen und Kürzungen gemäß §§ 8 und 9 Gew StG wird Rechnung getragen durch die Relation

$$Q_{GE} = c\,(Q_K + Q_E)\,,$$

wobei aus der Gewerbesteuerstatistik 1958 für c ein Wert von 1,12 bestimmt wurde, der für die Schätzung unverändert übernommen wird. Diese Gewerbeerträge werden dann mit einer durchschnittlichen Steuermeßzahl multipliziert, die ebenfalls aus der Gewerbesteuerstatistik ermittelt wird. Das Ergebnis ist der Steuermeßbetrag nach dem Gewerbeertrag.

Für die Schätzung der Gewerbesteuer nach dem Gewerbekapital geht das Verfahren des RWI gemäß § 12 Abs. 1 Gew StG von den Einheitswerten der gewerblichen Betriebe aus, die für die Prognose mit konstanten, aus der Vergangenheit abgeleiteten Zuwachsraten fortgeschrieben werden. Die Hinzurechnungen und Kürzungen nach § 12 Abs. 2 und 3 GewStG bleiben unberücksichtigt. Zur Ermittlung des Steuermeßbetrages nach dem Gewerbekapital wird schließlich auf die Einheitswerte die Steuermeßzahl (2 v.T. gemäß § 13 Abs. 2 GewStG) angewendet.

Zur Ableitung der Steuerschuld werden die Steuermeßbeträge nach Gewerbeertrag und -kapital zusammengefaßt und einem durchschnittlichen Hebesatz - für die Zukunft wird ein geringfügiges Wachstum des Hebesatzes unterstellt - unterworfen. Die so ermittelte Gewerbesteuerschuld wird noch um die geschätzten Auswirkungen von Rechtsänderungen bereinigt.

Bei der Vorausschätzung des jährlichen Steueraufkommens "wird dem Veranlagungs-lag durch explizite Bestimmung von Voraus-, Nach- und sonstigen Zahlungen Rechnung getragen" (43). Hierbei wird angenommen, daß die Vorauszahlungen aus je der Hälfte des Veranlagungsvolumens des Vorjahres und des laufenden Jahres und die Nachzahlungen aus je der Hälfte der Differenz zwischen Veranlagungs- und Vorauszahlungsvolumen des Vorjahres und des vorvergangenen Jahres bestehen.

Will man kritisch zu diesem Verfahren unter dem Aspekt der Anwendbarkeit für die Schätzung auf Gemeindeebene Stellung nehmen, so fällt als Schwachstelle zunächst die Vorausschätzung des Gewerbesteueraufkommens nach dem Gewerbekapital ins Auge, die faktisch auf eine einfache Trendextrapolation hinausläuft.

Bei der Schätzung der Gewerbeertragsteuer entsteht ein Bruch zwischen dem recht differenzierten Verfahren zur Ermittlung der Ausgangsgröße gemäß § 7 GewStG und dem sehr "pragmatischen" Vorgehen zur Ableitung der Gewerbeertragsteuer aus dieser Ausgangsgröße. Insbesondere ist die Rezeption statistischer Durchschnittsgrößen vergangener Jahre für die Prognose des zukünftigen Aufkommens zu kritisieren. Weiterhin dürfte das Vorgehen zur Berücksichtigung des Veranlagungs-lags bei der Ermittlung des jährlichen Aufkommens nicht ausreichend flexibel sein; es wird hier eine Konstanz des zeitlichen Ablaufs der Veranlagungsarbeiten bei den Finanzämtern unterstellt, die in dieser Stringenz nicht gegeben ist. Vor allem aber bleibt die Problematik der Anpassung der Vorauszahlungen unberücksichtigt, die zumindest in einer rezessiven Konjunkturphase von erheblicher fiskalischer Bedeutung sein kann.

Brauchbare Ansätze - auch für die Vorausschätzung des Gewerbeertragsteueraufkommens auf Gemeindeebene - könnte aber das Verfahren des RWI zur Ermittlung des Gewinnes aus dem Gewerbebetrieb (§ 7 GewStG) liefern. Dem Ausgangspunkt, nach dem die Analyse und Prognose der wirtschaftlichen Entwicklung die Grundlage für die Vorausschätzung des Steueraufkommens bildet, ist zuzustimmen, da bei der Gewerbeertragsteuer der Verlauf der wirtschaftlichen Prozesse auf die Bemessungsgrundlage einwirkt. Auch die Übernahme der Ergebnisse der Zielprojektion des Bundesministeriums für Wirtschaft ist positiv zu beurteilen; denn einmal werden sich - zumal auf Gemeindeebene - kaum stichhaltige Aussagen über die wahrscheinliche gesamtwirtschaftliche Entwicklung treffen lassen, zum anderen kann bei einer Zielprojektion davon ausgegangen werden, daß die Bundesregierung diese politischen Zielvorstellungen realisieren will und gegebenenfalls wirtschaftspolitische Maßnahmen ergreifen wird, so daß die Schwierigkeit der Prognose wirtschaftspolitischer Steuerungsmaßnahmen implizit ausgeschaltet wird.

Fraglich dürfte allerdings sein, ob die mit Hilfe von Regressionsanalysen ermittelten Parameter der Nachfrage- und Regionalfunktionen - neben allen Einwänden gegen ihre Ermittlung als solche - unverändert in die Prognose eingehen können. Es handelt sich bei den Parametergrößen um statistische Durchschnittswerte der Vergangenheit, und es ist eine durch nichts bestätigte Hypothese, daß diese Werte für den Prognosezeitraum konstant bleiben müßten. Außerdem ist darauf hinzuweisen, daß auf Gemeindeebene eine mathematisch-statistische Grenze für die regressionsanalytische Behandlung der kommunalen Daten dadurch gezogen wird, daß bei so feinen regionalen Untergliederungen die Voraussetzungen für die Gültigkeit des zentralen Grenzwertsatzes nicht mehr gegeben sind. Bereits die Neugründung oder Schließung einer einzigen Unternehmung oder eine bestimmte Geschäftspolitik einer Großunternehmung kann die Daten einer Gemeinde derartig sprunghaft verändern, daß sie einer wahrscheinlichkeitstheoretischen Behandlung nicht mehr zugänglich sind.

Die Ableitung von "Kommunalfunktionen" aus "Landesfunktionen" wird also immer an der mangelhaften Stabilität ihrer Parameter scheitern müssen. Trotz dieser Einschränkungen ist festzuhalten, daß eine aus der Zielprojektion des Bundesministeriums für Wirtschaft abgeleitete Branchenprojektion bei allen Mängeln gewisse Anhaltspunkte über die wirtschaftliche Entwicklung einer Gemeinde liefern kann, falls diese ihre eigene gewerbliche Struktur kennt und die Schwachstellen der Projektion berücksichtigt. Eine Regionalisierung der Projektion erscheint allerdings überflüssig, da zur Berücksichtigung der örtlichen Sonderfaktoren ohnehin eine Modifikation erforderlich ist. Auf die Verwertung der Branchenprojektion für die kommunale Gewerbesteuerschätzung wird später im Detail einzugehen sein.

Die Kritik an den Einkommensfunktionen, die die Beziehung zwischen Wirtschaftsablauf und Entwicklung der steuerpflichtigen Einkommen darstellen sollen, muß derjenigen an den Nachfrage- und Regionalfunktionen entsprechen, da sie formal übereinstimmen und ihre regressionsanalytisch ermittelten Parameter ebenfalls unverändert für die Prognose übernommen werden.

Abschließend sei zu diesem Verfahren des RWI an die Warnung Rothschilds vor jedem Prognosemechanismus erinnert: "Stets wird man neben einem genauen Studium der vorhandenen Daten und ihrer Entwicklung versuchen müssen, so weit wie möglich in die 'Sachlogik' einzudringen. Rein mechanische Projektionen - und mögen sie sich noch so raffinierter Methoden bedienen - werden nur bei sehr viel Glück zum Erfolg führen" (44).

## C Verfahren der kommunalen Praxis

Aus der Darstellung der beiden Verfahren des Arbeitskreises "Steuerschätzungen" und des RWI wurden bereits die Schwierigkeiten deutlich, die einer präzisen Schätzung des Gewerbesteueraufkommens entgegenstehen. Diese Schwierigkeiten, die sich vor allem aus der Komplexität des Aufkommens infolge der spezifischen Veranlagungs- und Zahlungsrhythmik und den vielfältigen, nur schwer prognostizierbaren Einflußfaktoren auf die Bemessungsgrundlage ergeben, führen bei der kommunalen Finanzverwaltung häufig zur Resignation. Das zeigt sich daran, daß zumindest in Klein- und Mittelgemeinden ein bloßes "Über-den-Daumen-Peilen" anstelle einer gewissenhaften und sorgfältigen Schätzung - wie sie in § 8 Abs. 2 Satz 1 GemHVO NW gefordert wird - üblich ist.

Viele Gemeinden übernehmen das letzte Rechnungsergebnis einfach als Ansatz für den Haushaltsplan. Sie berufen sich dabei teilweise auf § 8 Abs. 2 Satz 2 GemHVO NW, der aber nicht die Übernahme, sondern lediglich die "Berücksichtigung" der Ergebnisse des Vorjahres verlangt. Andere Gemeinden nehmen eine Trendextrapolation der Bemessungsgrundlage oder des Steueraufkommens vor, was gerade bei der sehr konjunkturreagiblen Gewerbesteuer zu eklatanten Fehlschätzungen in den Haushaltsplänen führen kann, wie sich so eindrucksvoll im Rezessionsjahr 1967 zeigte. Einige Gemeinden rezipieren die vom Sachverständigenrat, den Forschungsinstituten oder dem Bundesministerium für Wirtschaft geschätzten Zuwachsraten des Sozialprodukts und unterstellen eine entsprechende Entwicklung des Gewerbesteueraufkommens. Außerdem versuchen manche Gemeinden durch Kontaktaufnahme mit der Industrie- und Handelskammer und den örtlichen Großbetrieben, Einblick in die Ertragslage der ortsansässigen Betriebe zu gewinnen. Diesem Verfahren ist entgegenzuhalten, daß solche Informationen allgemein interessenbedingt verfälscht und oft durch ein gewisses "Understatement" geprägt sein werden, da ansonsten Beweismaterial geliefert würde, das eine Erhöhung der Vorauszahlungen rechtfertigen könnte. Es soll mit dieser Kritik jedoch nicht bestritten werden, daß in Sonderfällen wie z.B. in den Städten Wolfsburg und Leverkusen, ein direkter "Draht" zum absolut dominierenden Großbetrieb erforderlich ist (45).

Aus dem Argument eines Kämmerers, daß man, falls die Schätzung ganz "danebenliegen" würde, eben einen Nachtragshaushaltsplan verabschieden müsse, wird deutlich, wie wenig diese Verfahren der kommunalen Praxis der Forderung der Gemeindehaushaltsverordnung nach Gewissenhaftigkeit und Sorgfalt der Schätzung entsprechen. Es stellt sich also die Aufgabe, ein Verfahren zu entwickeln, das diesen Postulaten genügt, ohne der erforderlichen Praktikabilität zu entbehren.

## II. Entwicklung eines Verfahrens zur Vorausschätzung des Gewerbesteueraufkommens

Die derzeit in den Gemeinden praktizierten Schätzungsverfahren sind nach alledem offensichtlich zu wenig differenziert, um eine auch nur halbwegs exakte Gewerbesteuerschätzung zu ermöglichen. Die Verfahren auf Landes- und Bundesebene haben sich andererseits als ungeeignet für eine kleinräumliche Prognose erwiesen, wenngleich ihre kritische Darstellung wichtige Fingerzeige für ein sinnvolles Vorgehen im Gemeindebereich erbrachte. Es stellt sich daher die Aufgabe, ein Verfahren zu entwickeln, das es dem einzelnen Kämmerer erlaubt, in seiner Haushaltsplanung zu möglichst genauen Gewerbesteueransätzen zu gelangen, ohne daß damit die Verwaltungskapazität auch der Klein- und Mittelgemeinden überfordert wird.

### A Grundlagen eines analytischen Gewerbesteuer-Schätzungsverfahrens

Allen bisher dargestellten Verfahren ist gemeinsam, daß sie aus mehr oder weniger modifizierten Fortschreibungen der Rechnungsergebnisse bestehen und damit implizit gewisse feste Beziehungszusammenhänge unterstellen, ohne auf Art und Stabilität dieser Relationen einzugehen. Dies erweist sich gerade für kleinräumliche Prognosen als verhängnisvoll, da hier Sonderfaktoren Einfluß gewinnen können, die im Bundes- und Landesdurchschnitt überhaupt nicht zur Geltung kommen.

Daraus ergeben sich für ein analytisches Verfahren zur Schätzung der Gewerbesteuer zwei Folgerungen:

1. Infolge der spezifischen Veranlagungs- und Zahlungstechnik der Gewerbesteuer zeichnet sich ihr Aufkommen durch eine besondere Komplexität aus. Eine sinnvolle Gewerbesteuerschätzung setzt deshalb eine Untersuchung der zahlungstechnischen Komponenten des jährlichen Gewerbesteueraufkommens voraus.

2. Um die Auswirkung der Entwicklung volkswirtschaftlicher Gesamtgrößen auf die gewerbliche Wirtschaft und damit das Gewerbesteueraufkommen einer Gemeinde abschätzen zu können, muß die Wirtschaftsstruktur dieser Gemeinde bekannt sein. Es müssen daher Statistiken vorhanden sein, die erkennen lassen, aus welchen Quellen das Gewerbesteueraufkommen einer Gemeinde fließt.

Diese beiden Voruntersuchungen bilden die Grundlagen, auf denen das eigentliche Schätzungsverfahren aufbaut. Sie sind die unabdingbaren Voraussetzungen einer möglichst exakten Gewerbesteuerschätzung der Gemeinden.

## 1. Die zahlungstechnischen Komponenten des Gewerbesteueraufkommens

Das Gewerbesteueraufkommen bildet keine homogene Größe, sondern setzt sich aus verschiedenen Einnahmegruppen zusammen, die sich aus der besonderen Veranlagungs- und Zahlungstechnik der Gewerbesteuer ergeben. Erst aus einer "Morphologie" der Gewerbesteuerzahlungen lassen sich daher die Faktoren ableiten, die das Aufkommen aus den einzelnen Einnahmegruppen beeinflussen, und Schlüsse für das Schätzungsverfahren ziehen.

Um zunächst einen Einblick in die fiskalische Bedeutung der einzelnen Komponenten zu geben, sollen ihre Anteile am gesamten Gewerbesteueraufkommen am Beispiel der Stadt München, die als eine der wenigen Gemeinden eine statistische Aufkommensanalyse vornimmt, für das Rechnungsjahr 1966 angeführt werden:

| | |
|---|---|
| Abschlußzahlungen der 1966 laufenden Veranlagung 1964 (Basisveranlagung) | 14,8 v.H. |
| Vorauszahlungen | 79,8 v.H. |
| Sonstige Zahlungen (46) | 5,4 v.H. |
| | 100,0 v.H. |

Aus diesen Zahlen - und das gilt für alle Gemeinden - wird die überragende fiskalische Bedeutung der Vorauszahlungen deutlich, die deshalb im folgenden besonders eingehend zu untersuchen sein werden.

### a) Die Abschlußzahlungen aus der Basisveranlagung (47)

Als erste Einnahmegruppe sind jedoch die Abschlußzahlungen (abzüglich Überzahlungen) aus dem Veranlagungszeitraum zu nennen, der dem Aufkommen im in Frage stehenden Rechnungsjahr (zur Veranschaulichung soll eine Gewerbesteuerschätzung für das Jahr 1970 angenommen werden) seinen Stempel aufdrückt (Basisveranlagung). Dabei ist unter Abschlußzahlung (Überzahlung) die Differenz zwischen der durch die Veranlagung ermittelten Steuerschuld für einen Zeitraum und der auf diese Schuld geleisteten Vorauszahlungen zu verstehen.

Für das Aufkommen 1970 ist beispielsweise die Basisveranlagung die Veranlagung für das Jahr 1968; die Entstehung dieses time-lag bedarf einer näheren Erklärung. Die Steuererklärungen für das Kalenderjahr 1968 waren allgemein in der Zeit vom 1. bis 31. Mai 1969 abzugeben. Wurden die Steuererklärungen von Angehörigen der steuerberatenden Berufe erstellt, so hatten diese die Steuererklärungen ihrer Mandanten spätestens am 30. September 1969 bei den Finanzämtern einzureichen. Eine Verlängerung der Erklärungsfrist über diesen Termin hinaus konnte von den Finanzämtern in begründeten Einzelfällen auf Antrag bis zum 30. November 1969 gewährt werden, wobei auch eine Arbeitsüberlastung der Antragsteller zu berücksichtigen war. Im übrigen sollten die Finanzämter bei der Entscheidung über Anträge auf Fristverlängerung nicht kleinlich verfahren.

Liest man diese Sätze, die den einschlägigen Erlassen der Finanzminister der Länder entnommen sind, dann könnte man annahmen, die Schätzung des Veranlagungsvolumens 1968 wäre im Zeitpunkt der Erstellung des Haushaltsplanentwurfes, im Beispiel also etwa Mitte 1969, nur noch eine Fleißarbeit im Sinne einer geschickten Auswertung der den Finanzämtern fast vollständig vorliegenden Steuererklärungen 1968. Für Landgemeinden und kleinere Städte mag dies sogar teilweise zutreffen. Die Sachbearbeiter in den Mittel- und Großstädten wissen aber aus langjähriger Erfahrung, daß ihnen bis Mitte 1969 nur eine dürftige Auswahl an Steuererklärungen 1968 der bedeutenden Betriebe, deren Ergebnisse für den Umfang des Veranlagungsvolumens 1968 entscheidend sind, zur Verfügung steht, und daß diese ersten Erklärungen zudem nicht repräsentativ für das Gesamtergebnis sind, da sie in der Regel von Betrieben stammen, die sich Überzahlungen errechnen. Zumindest in größeren Gemeinden werden also die Abschlußzahlungen aus dem Veranlagungszeitraum 1968 - die Finanzämter begannen mit den Veranlagungsarbeiten allgemein im September 1969 - ganz überwiegend erst im Rechnungsjahr 1970 aufkommen, so daß die Vorausschätzung der Abschlußzahlungen aus dieser "Basisveranlagung" für die Veranschlagung der Gewerbesteuer im Haushaltsplan 1970 unumgänglich ist.

b) Die Vorauszahlungen (48)

Die Vorauszahlungen sollen einer möglichst zeitnahen Besteuerung dienen, d.h. die Gewerbesteuer soll weitestgehend bereits in dem Jahr gezahlt werden, in dem ihre wirtschaftliche Verursachung lag. Schon daraus wird deutlich, daß die Vorauszahlungen die fiskalisch bedeutendste Einnahmegruppe des Gewerbesteueraufkommens darstellen.

Die Gewerbesteuer ist genauso wie die Einkommen- und Körperschaftsteuer eine sog. Veranlagungssteuer. Die Finanzämter setzen nach Ablauf des Erhebungszeitraumes (= Kalenderjahr) mit Hilfe der Steuererklärung des Zensiten den einheitlichen Steuermeßbetrag nach dem Gewerbeertrag und dem Gewerbekapital fest und erlassen den Gewerbesteuermeßbescheid. Anschließend berechnen die Gemeinden auf Grund dieser Meßbeträge anhand des beschlossenen Hebesatzes die Steuer für das abgelaufene Jahr selbst und stellen dem Steuerschuldner den Gewerbesteuerbescheid zu. Schon während des Erhebungszeitraumes hat aber der Steuerschuldner jeweils am 15. Februar, Mai, August und November Vorauszahlungen zu entrichten. Jede Vorauszahlung beträgt grundsätzlich ein Viertel der Steuer, die sich bei der letzten Veranlagung ergeben hat (vgl. § 19 Abs. 1 und 2 GewStG). Hieraus ergibt sich, daß die Vorausschätzung der Abschlußzahlungen aus der Basisveranlagung und damit des Veranlagungsvolumens dieses Zeitraumes auch erhebliche Bedeutung für die Ermittlung der Vorauszahlungen besitzt, denn die Basisveranlagung entspricht beim normalen, oben skizzierten Veranlagungsrhythmus der "letzten Veranlagung" im Sinne des Gesetzes.

Abgesehen von dem "Gewerbesteuer-Tarif", d.h. von den Meßzahlen für den Gewerbeertrag (§ 11 Abs. 2 GewStG) und für das Gewerbekapital (§ 13 Abs. 2 GewStG), hängt die Höhe der Gewerbesteuer von den wirtschaftlichen Verhältnissen, genauer von dem im Gewerbesteuergesetz definierten Gewerbeertrag und -kapital des Betriebes im jeweiligen

Erhebungszeitraum sowie von dem Hebesatz der einzelnen Gemeinde ab. Ändert sich nur einer dieser Faktoren, so ändert sich auch die Steuer. In diesen Fällen entstehen zwischen der Summe der anzurechnenden Vorauszahlungen, die noch auf den Faktoren früherer Jahre beruhen, und dem veranlagten Steuerbetrag mehr oder weniger große Unterschiede, die durch die oben dargestellten Abschlußzahlungen bzw. bei Überzahlungen durch Aufrechnung oder Rückerstattung ausgeglichen werden. Um diese Differenzen möglichst einzuschränken und dem Prinzip der Gegenwartsbesteuerung Rechnung zu tragen, können die Vorauszahlungen nach § 19 Abs. 3 GewStG jeweils der Steuer angepaßt werden, die sich für den laufenden Erhebungszeitraum voraussichtlich ergeben wird. Die Anpassung der Vorauszahlungen kann insbesondere bei stärkeren Konjunkturausschlägen - als Beispiel sei an das Rezessionsjahr 1967 erinnert - zu erheblichen Auswirkungen auf das Gewerbesteueraufkommen führen; das Anpassungsverfahren muß deshalb näher untersucht werden.

Die Verwaltungsaufgaben auf dem Gebiet der Gewerbesteuer nach dem Gewerbeertrag und dem Gewerbekapital fallen teils den Finanzämtern, teils den Gemeinden zu. Die Feststellung der Besteuerungsgrundlagen und die Festsetzung sowie die Zerlegung des Steuermeßbetrages liegt bei den Finanzämtern (vgl. § 212 a AO); für die Festsetzung und Erhebung der Gewerbesteuer sind im Regelfall die hebeberechtigten Gemeinden zuständig (vgl. § 1 GewStG, Abschn. 3 GewStR 1969).

Für die Anpassung der Vorauszahlungen ist grundsätzlich allein die Gemeinde zuständig (vgl. § 19 Abs. 3 Satz 1 GewStG, Abschn. 98 Abs. 1 Satz 2 GewStR 1969); doch ist zu fragen, inwieweit die Mitwirkung des Finanzamtes erforderlich ist. Ist die Anpassung der Vorauszahlungen durch eine Änderung der Hebesätze bedingt, so besteht für die Mitwirkung des Finanzamtes keine Notwendigkeit, weil die Anpassung hier lediglich ein rechnerischer Vorgang ist. Anders ist die Lage, wenn die Anpassung ihre Ursache in veränderten Wirtschaftsverhältnissen hat. Hier gibt es eine wichtige Ausnahme von dem Grundsatz der ausschließlichen Zuständigkeit der Gemeinde. Hat nämlich das Finanzamt "wegen einer voraussichtlichen Änderung des Gewinns aus Gewerbebetrieb die Vorauszahlungen auf die Einkommensteuer oder Körperschaftsteuer der Steuer angepaßt, die für den laufenden oder vorangegangenen Veranlagungszeitraum voraussichtlich zu erwarten ist, so hat es gleichzeitig für Zwecke der Gewerbesteuer-Vorauszahlungen den einheitlichen Steuermeßbetrag festzusetzen, der sich voraussichtlich für den laufenden oder vorangegangenen Erhebungszeitraum ergeben wird". An diese Festsetzung ist die Gemeinde dann bei der Anpassung der Vorauszahlungen für die Gewerbesteuer gebunden (§ 19 Abs. 3 Satz 3 und 4 GewStG). Allerdings wird eine solche Meßbetragsfestsetzung vom Finanzamt nur durchgeführt, wenn sich der einheitliche Meßbetrag "entweder um mehr als ein Fünftel, mindestens aber um 20 Deutsche Mark oder mehr als 1.000 Deutsche Mark ändert" (§ 29 Abs. 1 Satz 1 GewStDV).

Der § 35 Abs. 2 Satz 2 EStG, der die Anpassung für die Einkommen- und Körperschaftsteuer (49) regelt, ist eine Kannvorschrift. Ob das Finanzamt von dieser Kannvorschrift im Einzelfall Gebrauch macht, entscheidet es nach pflichtmäßigem Ermessen, d.h. nach Recht und Billigkeit (§ 2 StAnpG). Liegen Umstände vor, die eine wesentliche Erhöhung der Vorauszahlungen rechtfertigen, so sind die Finanzämter gehalten, von der Kannvorschrift Gebrauch zu machen und die Vorauszahlungen zu erhöhen. Für Anträge der Steuerpflichtigen auf Herabsetzung genügt demgegenüber "Glaubhaftmachung"; ein schlüssiger Nachweis darf nicht gefordert werden. Sind die Gründe glaubhaft gemacht, so besteht ein Anspruch auf die beantragte Herabsetzung, falls es sich nicht um lediglich unwesentliche Abweichungen handelt. Kommt das Finanzamt dem nicht nach, so liegt ein Ermessensmißbrauch vor (50).

Die Gemeinde soll zwar gemäß Abschnitt 98 Abs. 4 GewStR 1969 eigene Wahrnehmungen über die Entwicklung eines Betriebes und gegebenenfalls entsprechende Vorschläge zur Neufeststellung des Meßbetrages dem Finanzamt mitteilen; sie hat sich zur Vermeidung von Doppelarbeit mit dem Finanzamt in Verbindung zu setzen, ehe sie von sich aus, d.h. ohne daß ein Gewerbesteuermeßbetrag für Zwecke der Gewerbesteuer-Vorauszahlungen festgesetzt ist, die Vorauszahlungen anpaßt, aber sie kann die Vorauszahlungen grundsätzlich anpassen, ohne vorher eine Ermittlungsarbeit des Finanzamts in Anspruch zu nehmen. Wie das Finanzamt bei der Anpassung der Vorauszahlungen auf die Einkommen- und Körperschaftsteuer, so hat auch die Gemeinde bei der Anpassung der Gewerbesteuer-Vorauszahlungen nach pflichtmäßigem Ermessen zu entscheiden. Der Begriff des pflichtmäßigen Ermessens läßt sich am besten operationalisieren, wenn man zwischen Erhöhung und Herabsetzung der Vorauszahlungen differenziert. Stellt der Steuerpflichtige einen Antrag auf Herabsetzung der Vorauszahlungen, so hat er glaubhaft zu machen, daß sich sein Meßbetrag entsprechend verringert hat. Hierfür fordern die Gemeinden allgemein die Vorlage der letzten Bilanz bzw. einer Zwischenbilanz sowie den Nachweis der aktuellen Umsatzentwicklung. Will eine Gemeinde hingegen die Vorauszahlungen eines Betriebes erhöhen, so hat sie diese Maßnahme zu begründen; dies setzt aber Ermittlungsarbeiten voraus, die nicht in den Zuständigkeitsbereich der Gemeinde fallen, denn "gewerbesteuerliche Prüfungen und Feststellungen in den Gewerbebetrieben sind auch in bezug auf die Vorauszahlungen ausschließlich Aufgabe des Finanzamtes" (Abschn. 98 Abs. 4 Satz 5 GewStR 1969). Die Gemeinden bedürfen also für eine Erhöhung der Vorauszahlungen der Mitwirkung des Finanzamtes.

Die Frage des spätestmöglichen Zeitpunktes der Anpassung war bis zur Verabschiedung des "Stabilitätsgesetzes" so geregelt, daß eine Erhöhung bereits fällig gewordener Vorauszahlungen nicht zulässig war. Die Anpassung konnte deshalb für einen Erhebungszeitraum nur dann vorgenommen werden, wenn mindestens eine Vorauszahlung noch nicht fällig geworden war. Diese konnte(n) aber so erhöht werden, daß sie zusammen mit den bereits fälligen Vorauszahlungen die voraussichtliche Jahressteuer dechte(n). Durch § 28 Nr. 1 StabG ist nun § 19 Abs. 3 GewStG geändert worden, "um für die konjunkturpolitisch geforderte Zeitnähe von Einkommensentstehung und Steuerzahlung überhaupt etwas zu tun" (51). Nunmehr ist eine Anpassung der Vorauszahlungen auch noch im folgenden Erhebungszeitraum möglich. Der nachgeforderte Betrag ist nicht am nächsten regulären Vorauszahlungstermin, sondern innerhalb eines Monats nach Bekanntgabe des Vorauszahlungsbescheides zu entrichten.

Der geschilderte Ablauf des Anpassungsprozesses entspricht der rechtlichen Regelung; in der kommunalen Praxis sind aber entscheidende Abweichungen hiervon festzustellen. So können Betriebe, die der Forderung der

Gemeinden nach Erhöhung der Vorauszahlungen stattgeben, ohne auf den Nachweis der entsprechenden Veränderung der Bemessungsgrundlage seitens der Gemeinde zu bestehen, damit rechnen, daß die Gemeinde einem Antrag von ihrer Seite auf Herabsetzung der Vorauszahlungen folgen wird, ohne eine "Glaubhaftmachung" zu verlangen. Es zeigt sich also, daß die Anpassungen häufig weniger in der Entwicklung der Bemessungsgrundlage als vielmehr von der politischen Strategie (52) und Kassenlage der Gemeinde bzw. von Liquidität und Goodwill der Betriebe bestimmt sind. Die Kannvorschrift des § 19 Abs. 3 Satz 1 GewStG läßt die Anpassung der Vorauszahlungen in der kommunalen Praxis zu einem Aktionsparameter der Gemeinden werden. Daraus wird die Schwäche der bisherigen auf Zeitreihenanalysen basierenden Verfahren deutlich, die mit konstanten Parametern arbeiten und deshalb politische Strategien nicht berücksichtigen können. Das hier zu entwickelnde Schätzungsverfahren muß daher so flexibel gestaltet werden, daß die für das bevorstehende Haushaltsjahr gewählte Strategie berücksichtigt und in ihrer fiskalischen Bedeutung gewürdigt werden kann.

Dieser informelle Prozeß sei an einem besonders drastischen Beispiel illustriert. In der zweiten Jahreshälfte 1969 haben zahlreiche Gemeinden ihre größeren Gewerbesteuerzahler angeschrieben und um eine Erhöhung der Vorauszahlungen gebeten. Dies wurde damit begründet, daß infolge des Inkrafttretens des Gemeindefinanzreformgesetzes das Gewerbesteueraufkommen mit Beginn des nächsten Jahres nur noch zum Teil den Gemeinden zusteht, so daß es auch im Interesse der örtlichen Wirtschaftsbetriebe liege, die Gewerbesteuerzahlungen möglichst weitgehend in das Jahr 1969 vorzuverlagern. Dieser Argumentation folgten die Betriebe weitgehend, so daß eine beträchtliche Steigerung des Gewerbesteueraufkommens eintrat.

Es liegt auf der Hand, daß solche politischen Strategien nicht in einer Formel zu erfassen sind. Vielmehr wird an dieser Strategie besonders deutlich, daß den Kämmerern ein sehr flexibles Schätzungsverfahren an die Hand gegeben werden muß, damit fiskalisch relevante politische Aktivitäten der Gemeinde berücksichtigt werden können.

c) Die sonstigen Zahlungen (53)

Eine weitere Einnahmegruppe stellen die Abschlußzahlungen aus dem der Basisveranlagung folgenden Veranlagungszeitraum (im Beispiel 1969) dar. Es kann damit gerechnet werden, daß mit der Veranlagung 1969 etwa zu Beginn des letzten Jahresdrittels 1970 begonnen wird. Zumindest in den Großstädten werden aus der Veranlagung 1969 im Rechnungsjahr 1970 nur unbedeutende Abschlußzahlungen aufkommen, weil die Finanzämter erfahrungsgemäß zunächst nur die Veranlagungsfälle geringerer Bedeutung oder Steuererklärungen von Betrieben bearbeiten können, die sich Überzahlungen errechnen. In den kleineren Städten und den Landgemeinden mag das etwas anders sein; dafür kommt dann aber bei unverändertem Veranlagungsrhythmus ein entsprechender Teil der Abschlußzahlungen aus dem Veranlagungszeitraum 1968 bereits im Rechnungsjahr 1969 auf. Für die Schätzung ist also die Gewichtung der einzelnen Einnahmegruppen mit dem Verlauf der Veranlagungsarbeiten des für die Gemeinde zuständigen Finanzamtes abzustimmen.

Die beiden restlichen Einnahmegruppen, nämlich die ausstehenden Abschlußzahlungen aus den Veranlagungszeiträumen 1967 und früher sowie die Abschlußzahlungen aus Veranlagungsberichtigungen, sind unabhängig von der Gemeindegröße fiskalisch wenig relevant und bieten zudem nur eine geringe Schätzungsproblematik, da sie sich durch Fühlungnahme mit dem Finanzamt relativ genau ermitteln lassen. Eine Ausnahme bilden die Prüfungen von Großbetrieben, deren Ergebnisse zu einer ins Gewicht fallenden Einnahmeerhöhung führen können. Hier erscheint eine unmittelbare Kontaktaufnahme mit den Betriebsprüfern angebracht.

Es zeigt sich also, daß das Gewerbesteueraufkommen keine homogene Größe ist, sondern daß es sich aus verschiedenen Einnahmegruppen zusammensetzt, deren fiskalisches Ergebnis durch ganz unterschiedliche Einflußfaktoren bestimmt ist. Weiterhin wurde deutlich, daß die Verwendung eines festen Veranlagungs-lags, wie ihn die Verfahren des RWI und des Arbeitskreises "Steuerschätzungen" mit ihrem 18-Monate-lag praktizieren, zumindest für eine Schätzung auf Gemeindeebene unbrauchbar ist, da hier nicht berücksichtigt wird, daß je nach Gemeindegröße die zu Beginn der Veranlagung bearbeiteten Steuererklärungen fiskalisch mehr oder weniger von Bedeutung sind, so daß die einzelnen Einnahmegruppen entsprechend unterschiedlich zu gewichten sind. Zudem kann der Veranlagungsrhythmus selbst, der allerdings seit 1960 weitgehend stabilisiert wurde, Veränderungen unterliegen, was erhebliche Auswirkungen auf das Aufkommen eines Erhebungszeitraums hätte (54). Folglich muß den Kämmerern für die Haushaltsplanung ein Verfahren zur Verfügung gestellt werden, daß eine Schätzung des Gewerbesteueraufkommens getrennt nach den dargestellten Einnahmegruppen ermöglicht und damit die fiskalischen Auswirkungen der Veranlagungstechnik und der voneinander abweichenden Determinanten der einzelnen Aufkommenskomponenten berücksichtigt.

Als weiteres Ergebnis ist festzuhalten, daß die Kannvorschrift des § 19 Abs. 3 Satz 1 GewStG von den Gemeinden bei der Anpassung der Vorauszahlungen als finanzpolitischer Aktionsparameter angewendet wird; damit werden alle Verfahren, die eine feste Relation zwischen der wirtschaftlichen Entwicklung und der Höhe der Vorauszahlungen entweder explizit oder, bei Verwendung statistischer Durchschnittswerte, implizit unterstellen, ad absurdum geführt.

## 2. Die wirtschaftlichen Komponenten des Gewerbesteueraufkommens

Die Analyse der wirtschaftlichen Komponenten des Gewerbesteueraufkommens einer Gemeinde soll dazu dienen, die gewerbesteuerlich relevante wirtschaftliche Struktur der betreffenden Gemeinde und ihrer Betriebe offenzulegen und damit eine weitere Basis für eine analytische Schätzung der Gewerbesteuer auf Gemeindeebene zu schaffen. Dabei ist unter "wirtschaftlichen Komponenten des Gewerbesteueraufkommens" zweierlei zu verstehen:

1. Die branchenmäßige Aufgliederung des Gewerbesteueraufkommens; dabei sind Großbetriebe getrennt auszuweisen.

2. Die Struktur der Gewerbesteuerbemessungsgrundlage in den einzelnen Branchen bzw. Großbetrieben, also z.B. der Anteil von Gewerbeertrag und -kapital am Gewerbesteueraufkommen der verschiedenen Branchen.

Diese Untersuchungen sind erforderlich, weil die für die Schätzung relevanten Daten, die nur auf Bundes- oder Landesebene statistisch erfaßt bzw. projiziert werden, mehr oder weniger stark von den entsprechenden Daten der Gemeinde abweichen werden. Folglich müssen auf analytischem Wege Regeln ermittelt werden, die eine Modifikation der Daten der Bundes- bzw. Landesstatistik und damit eine Transposition auf die Gemeindeebene ermöglichen. Daß hier bestenfalls Regelmäßigkeiten entdeckt werden, liegt auf der Hand, da für einen kleinen Raum das Gesetz der großen Zahl keine Gültigkeit besitzt. Diese Regelmäßigkeiten lassen sich mithin nicht in das starre Gewand einer "Kommunalfunktion" kleiden; sie können nur Indikatoren in einem Verfahren sein, das so offen zu gestalten ist, daß es jederzeit Informationen über Sonderentwicklungen im Gemeindegebiet verarbeiten kann, wie sie vor allem in unternehmens- und betriebspolitischen Entscheidungen von Großfirmen begründet sein können. So hat beispielsweise vor einigen Jahren die verfehlte Modellpolitik eines Großbetriebes der Automobilbranche dazu geführt, daß sein Ertrag wesentlich vom durchschnittlichen Ergebnis dieser Branche abwich und damit das Gewerbesteueraufkommen der Standortgemeinde - einer Großstadt (!) - sich deutlich von der allgemeinen Entwicklung abhob. Allein dieses Beispiel zeigt, daß es wenig zweckmäßig sein dürfte, das oben geschilderte Verfahren des RWI, das eine Regionalisierung der Nachfragefunktionen vorsieht, für eine kleinräumliche Prognose zu rezipieren, da kommunale Modifikationen ohnehin erforderlich sind und eine Regionalisierung mit ihren dargelegten Schwächen nur eine zusätzliche Fehlerquelle wäre.

Es stellt sich die Frage, ob sich die Gemeindeverwaltung die für eine Untersuchung der wirtschaftlichen Komponenten des Gewerbesteueraufkommens im hier beschriebenen Sinne erforderlichen Informationen ohne allzu großen Aufwand beschaffen kann. Diese Frage ist positiv zu beantworten, denn die Finanzämter teilen die für die einzelnen Gewerbebetriebe festgesetzten Steuermeßbeträge und die anderen Entscheidungen, die in den Steuermeßbescheiden enthalten sind, den Gemeinden mit, denen der Erlaß des Gewerbesteuerbescheides obliegt (vgl. §§ 212 a, b AO). Damit steht der Verwaltung eine Vielzahl von Informationen über die Struktur der Bemessungsgrundlage ihres Steuerschuldners zur Verfügung. Diese Daten wurden bisher in der sog. "Steuerkarte" erfaßt, die für jeden Steuerschuldner angelegt wird, ohne für die Steuerschätzung ausgewertet zu werden. Die Aufgabe besteht folglich darin, die ohnehin vorhandenen Informationen in einer für die Zwecke der Gewerbesteuerschätzung geeigneten Statistik aufzubereiten. Dabei ist das Ziel dieser Statistik, die hier als "Quellenstatistik" bezeichnet werden soll, da sie die Quellen des Gewerbesteueraufkommens in ihrer Struktur wiedergeben hat, im Auge zu behalten: Sie soll Grundlagen für die Ermittlung von Regelmäßigkeiten in den Beziehungen liefern, die zwischen den gewerbesteuerlich relevanten gesamtwirtschaftlichen bzw. nur auf Landes- oder Bundesebene erfaßten Größen und den entsprechenden Größen im kommunalen Bereich bestehen.

a) Entwurf einer "Quellenstatistik"

Die Gemeindeverwaltung bezieht die Informationen über die Struktur der Bemessungsgrundlagen ihrer Gewerbesteuerzahler aus den Steuermeßbescheiden, so daß sowohl der Aufbau der Statistik als auch der Zeitpunkt ihrer Erstellung durch diese Bescheide bedingt sind. Die Steuer- und

Steuermeßbescheide werden jeweils für einen Erhebungszeitraum (=Kalenderjahr) erstellt. Durch die Veranlagungsarbeiten des Finanzamtes entsteht der oben geschilderte time-lag; die Veranlagung 1968 wurde beispielsweise allgemein in der ersten Jahreshälfte 1970 abgeschlossen, so daß die Herausgabe der Bescheide im Laufe der Sommermonate weitgehend abgewickelt werden konnte. Das bedeutet, daß mit Beginn der Arbeiten am Entwurf des Haushaltsplanes 1971 die Ergebnisse des Erhebungszeitraumes 1968 fast vollständig in der Statistik verarbeitet sein dürften.

Das Kardinalproblem liegt im zweckentsprechenden Aufbau der Statistik (Abb. 2) (55), die ja mit ihren ex-post-Größen aussagefähige Unterlagen für eine Vorausschätzung liefern und Beziehungszusammenhänge zwischen den einzelnen Größen aufdecken soll. Wenn - wie bereits oben festgestellt eine mehr oder weniger enge Korrelation zwischen den Erträgen und über Investitions- und Finanzierungsentscheidungen dem Vermögen und Kapital der Gewerbebetriebe einerseits und der gesamtwirtschaftlichen Entwicklung andererseits besteht, dann erscheint es angebracht, diese Entwicklung durch die prozentuale Veränderungsrate des Sozialprodukts im Erhebungszeitraum in der Statistik zu erfassen. Da aber die spezifische Wirtschaftsstruktur einer Gemeinde eine Abweichung zwischen der Entwicklung des volkswirtschaftlichen Sozialprodukts und der des kommunalen Sozialprodukts zur Folge hat, das indessen statistisch noch kaum erfaßt wird und deshalb für die Vorausschätzung bislang die Verwendung der volkswirtschaftlichen Gesamtgröße als Hilfswert erforderlich macht, ist eine Disaggregierung dieser Globalgröße unter strukturellem Aspekt notwendig. Es bietet sich die auch vom RWI angewandte Disaggregierung nach Branchen an, wobei die dort vorgenommene Gliederung in 16 Wirtschaftszweige durchaus übernommen werden kann, da sie im wesentlichen der vom Statistischen Bundesamt im Rahmen der Volkswirtschaftlichen Gesamtrechnung benutzten Systematik (56) folgt; sie ermöglicht deshalb auch die direkte Entnahme der Werte aus der Bundesstatistik. Der getrennte Ausweis des Wirtschaftsbereiches Land- und Forstwirtschaft ist allerdings für die Gewerbesteuerschätzung nicht erforderlich, da die Betriebe dieses Sektors nicht der Gewerbesteuerpflicht unterliegen.

In der Eingangsspalte der Quellenstatistik sind also zunächst die 15 Wirtschaftszweige und in der folgenden Spalte die zahlenmäßige Besetzung der einzelnen Branchen mit gewerbesteuerpflichtigen Betrieben in der Gemeinde anzugeben. Getrennt davon sind in derselben Spalte die Großbetriebe und zur besseren Vergleichbarkeit die im Erhebungszeitraum erfolgten Neugründungen bzw. Betriebseinstellungen auszuweisen. Die Ausgliederung der Großbetriebe ist insofern zweckmäßig, als sie das Gewerbesteueraufkommen der Gemeinde entscheidend beeinflussen, weshalb die spezifische Struktur ihrer Bemessungsgrundlagen eine gesonderte Analyse verdient. Das Kriterium, das einen Betrieb als Großbetrieb klassifiziert, kann im Rahmen der Gewerbesteuerschätzung nur der Anteil sein, den die Gewerbesteuerschuld dieses Betriebes am gesamten Gewerbesteueraufkommen der Gemeinde ausmacht. Die Höhe dieses v. H.-Satzes wird vor allem von der Verwaltungskapazität der jeweiligen Gemeinde bestimmt. Ein gesonderter Ausweis von Betrieben, die mehr als 5 v.H. des gesamten Gewerbesteueraufkommens einer Gemeinde im Erhebungszeitraum aufbringen, sollte zumindest allgemein möglich sein. Die Gewerbesteuerkarten bzw. Gewerbesteuermeßbescheide sind dann zur Verwaltungsvereinfachung gemäß der Systematik dieser Statistik mit Kennzahlen zu versehen, denn die aufzubereitenden Daten werden fast ausschließlich diesen Unterlagen entnommen. Zunächst sind aber noch in der folgenden Spalte die oben erwähnten prozentualen Veränderungsraten der Beiträge der einzelnen Branchen zum Bruttoinlandsprodukt im Erhebungszeitraum auf Bundesebene einzutragen. Um eine bessere Vergleichbarkeit mit dieser Spalte zu ermöglichen, sind alle folgenden Komponenten nicht nur mit ihrer absoluten Größe, sondern auch mit den v. H.-Abweichungen gegenüber dem Vorjahr anzugeben.

Die folgenden Daten, die die Struktur der Bemessungsgrundlage offenlegen, werden aus den Steuermeßbescheiden übernommen und der Eingangsspalte gemäß - aufaddiert nach Branchen bzw. bei Großbetrieben getrennt - ausgewiesen. Als Ausgangsgröße wird den Meßbescheiden der Gewinn bzw. Verlust aus Gewerbebetrieb entnommen. § 7 GewStG definiert den Gewerbeertrag als den um Hinzurechnungen und Kürzungen modifizierten Gewinn aus dem Gewerbebetrieb, wie er sich nach den Vorschriften des Einkommensteuergesetzes (bei einzelkaufmännischen Gewerbebetrieben oder solchen von Personengesellschaften) oder des Körperschaftsteuergesetzes (bei Kapitalgesellschaften und anderen juristischen Personen) ergibt. Als Ausgangsgröße für die Ermittlung des Gewerbeertrags gilt folglich

- bei einzelkaufmännischen Gewerbebetrieben:
  der Gewinn aus Gewerbebetrieb nach § 15 Nr. 1 EStG;

- bei Mitunternehmergemeinschaften:
  die Summe der sich nach § 15 Nr. 2 EStG für die Mitunternehmer ergebenden Einkünfte aus Gewerbebetrieb;

- bei Kapitalgesellschaften und anderen gewerblichen Körperschaften:
  das körperschaftsteuerliche Einkommen vor Verlustabzug (57).

Es folgen die Hinzurechnungen gemäß § 8 GewStG (vor allem Dauerschuldzinsen, weiterhin Renten und dauernde Lasten bestimmter Entstehungsgründe, Gewinnanteile stiller Gesellschafter, Bezüge persönlich haftender Gesellschafter einer KGaA, Lastenausgleichsabgaben, Miet- und Pachtzinsen, Verlustanteile aus Mitunternehmergemeinschaften und nichtwissenschaftliche Spenden) sowie die Kürzungen gemäß § 9 GewStG (Grundbesitzabzüge in Höhe von allgemein 3 v.H. des Einheitswertes der Betriebsgrundstücke zur Vermeidung einer Doppelbelastung durch Grundsteuer und Gewerbesteuer, Schachtelerträge, Anteile ausländischer Betriebsstätten, kuponsteuerpflichtige Zinsen, Miet- und Pachtzinsen, Gewinnanteile aus Mitunternehmergemeinschaften und wissenschaftliche Spenden) (58), die den Objektcharakter der Ertragsteuer herbeiführen sollen und für die die beiden folgenden Spalten zu reservieren sind.

Aus der Ausgangsgröße und den Hinzurechnungen und Kürzungen ergibt sich dann - evtl. nach Abzug eines Gewerbeverlustes (§ 10 GewStG) - der Gewerbeertrag, der nach § 11 Abs. 1 Satz 3 GewStG auf volle 100 DM abzurunden ist. Als nächste Größe läßt sich aus dem Meßbescheid der Steuermeßbetrag nach dem Gewerbeertrag entnehmen, der durch die Anwendung von Steuermeßzahlen auf den Gewerbeertrag ermittelt wird. Bei den Steuermeßzahlen handelt es sich um Vomhundertsätze. Die höchste und zugleich allgemeine Steuermeßzahl, die 5 v.H. beträgt, gilt einschränkungslos für alle Kapitalgesellschaften (§ 11 Abs. 2 Nr. 2 GewStG). Bei gewerbetreibenden natürlichen Personen und Mitunternehmergemeinschaften kommen dagegen für die ersten 16.800 DM des Gewerbeertrags gestaffelte Meßzahlen zur Anwendung (sog. Anfangsprogression); erst für darüber hinausgehende Beträge gilt die allgemeine Steuermeßzahl von 5 v.H. (§ 11 Abs. 2 Nr. 1 GewStG) (59). Um diese Anfangsprogression bei der Vorausschätzung berücksichtigen zu können, ist eine weitere Spalte für die durchschnittliche Meßzahl einzurichten, die sich durch eine einfache Rechenoperation ermitteln läßt (60).

Nach der Darstellung der Struktur der Bemessungsgrundlage bei der Gewerbeertragsteuer sind jetzt die Komponenten der Gewerbekapitalsteuer auszuweisen. Ausgangsgröße ist hier der Einheitswert des gewerblichen Betriebes im Sinne des Bewertungsgesetzes (§ 12 Abs. 1 GewStG); maßgebend ist dabei der Einheitswert, der auf den letzten Feststellungszeitpunkt vor dem Ende des Erhebungszeitraumes lautet.

Nach Berücksichtigung der Hinzurechnungen gemäß § 12 Abs. 2 GewStG (insbesondere Dauerschulden, weiter Kapitalwerte von Renten und dauernden Lasten bestimmter Entstehungsgründe, Einlagen typischer stiller Gesellschafter, Kredit- und Hypothekengewinnabgaben und bestimmte Miet- und Pachtgüter) und Kürzungen gemäß § 12 Abs. 3 GewStG (Einheitswerte der Betriebsgrundstücke zur Vermeidung der oben erwähnten Doppelbelastung, Beteiligungen an Mitunternehmergemeinschaften, wesentliche Beteiligungen an Kapitalgesellschaften und bestimmte Miet- und Pachtgüter) ergibt sich das Gewerbekapital, das auf volle 1.000 DM abzurunden ist (§ 13 Abs. 1 Satz 3 GewStG). In die nächste Spalte ist der Steuermeßbetrag nach dem Gewerbekapital einzutragen, der sich durch die Anwendung eines Tausendsatzes auf das Gewerbekapital ergibt. Hier besteht nicht die Problematik der Gewerbeertragsteuer, da die Steuermeßzahl ohne Einschränkung 2 v.T. beträgt. Durch Addition der Steuermeßbeträge, die sich nach dem Gewerbeertrag und dem Gewerbekapital ergeben, wird schließlich der einheitliche Steuermeßbetrag gebildet (§ 14 Abs. 1 GewStG).

Eventuell sind noch Zerlegungsanteile zu berücksichtigen. Steht die Hebeberechtigung bezüglich desselben Betriebes mehreren Gemeinden zu, so ist eine Aufteilung des einheitlichen Steuermeßbetrages notwendig, um jedem einzelnen Steuergläubiger einen Anteil der Bemessungsgrundlage zuzuweisen. Diesen Vorgang nennt das Gesetz "Zerlegung" (§§ 28 ff. GewStG). Die mehrfache Hebeberechtigung kann dadurch begründet sein, daß der Gewerbebetrieb Betriebsstätten in mehreren Gemeinden unterhält, eine Betriebsstätte sich über mehrere Gemeinden erstreckt oder eine Betriebsstätte innerhalb eines Erhebungszeitraumes von einer Gemeinde in eine andere verlegt wird. Zerlegungsmaßstab ist in den meisten Fällen das Verhältnis, in dem die Arbeitslöhne der einzelnen Betriebsstätten zueinander stehen; unter bestimmten Bedingungen kommt auch das Verhältnis der in den Betriebsstätten erzielten Betriebseinnahmen oder ein gemischtes Verhältnis zur Anwendung (61). Die Zerlegung wird vom Finanzamt durchgeführt und findet ihren Niederschlag in einem Zerlegungsbescheid, aus dem die einzelnen hebeberechtigten Gemeinden ihren anteiligen Steuermeßbetrag (= Zerlegungsbetrag) entnehmen können.

"Quellenstatistik" für den Erhebungszeitraum 1968

| Branchen | Anzahl der Gewerbebetriebe: getrennte Ausweisung von Großbetrieben und Neugründungen/Einstellungen | Veränderung des Beitrags der Branche zum BIP gegenüber Vorjahr in v.H. | Gewinn aus Gewerbebetrieb | Veränderung gegenüber Vorjahr in v.H. | Hinzurechnungen | Veränderung gegenüber Vorjahr in v.H. | Kürzungen | Veränderung gegenüber Vorjahr in v.H. | Gewerbeertrag | Meßbetrag nach Gewerbeertrag | Durchschnittliche Meßzahl | Einheitswerte des gewerbl. Betriebs | Veränderung gegenüber Vorjahr in v.H. | Hinzurechnungen | Veränderung gegenüber Vorjahr in v.H. | Kürzungen | Veränderung gegenüber Vorjahr in v.H. | Gewerbekapital | Meßbetrag nach Gewerbekapital | Einheitlicher Meßbetrag | Zerlegungsanteil | in v.H. des einheitlichen Meßbetrags | Gewerbesteuer |
|---|---|---|---|---|---|---|---|---|---|---|---|---|---|---|---|---|---|---|---|---|---|---|---|
| Chemische Industrie, Mineralölverarbeitung usw. | Anzahl: Großbetriebe: Fa. X Neugründungen | | | | | | | | | | | | | | | | | | | | | | |
| Gewerbe der Steine u. Erden, Feinkeramik, Glasgewerbe | | | | | | | | | | | | | | | | | | | | | | | |
| Eisen- u. nE-Metallerzeugung u. -bearbeitung | | | | | | | | | | | | | | | | | | | | | | | |
| Stahl-, Maschinen- u. Fahrzeugbau | | | | | | | | | | | | | | | | | | | | | | | |
| Elektrotechnik, Feinmechanik, Optik, Herstellung von EBM-Waren usw. | | | | | | | | | | | | | | | | | | | | | | | |
| Holz-, Papier- u. Druckgewerbe | | | | | | | | | | | | | | | | | | | | | | | |
| Textil-, Leder- u. Bekleidungsgewerbe | | | | | | | | | | | | | | | | | | | | | | | |
| Nahrungs- u. Genußmittelgewerbe | | | | | | | | | | | | | | | | | | | | | | | |
| Baugewerbe | | | | | | | | | | | | | | | | | | | | | | | |
| Energiewirtschaft | | | | | | | | | | | | | | | | | | | | | | | |
| Bergbau | | | | | | | | | | | | | | | | | | | | | | | |
| Handel | | | | | | | | | | | | | | | | | | | | | | | |
| Verkehr | | | | | | | | | | | | | | | | | | | | | | | |
| Kreditinstitute u. Versicherungsgewerbe | | | | | | | | | | | | | | | | | | | | | | | |
| Sonstige Dienstleistungen | | | | | | | | | | | | | | | | | | | | | | | |

Abb. 2: Schema einer "Quellenstatistik"

In der letzten Spalte wird schließlich die Gewerbesteuer ausgewiesen, die sich durch Anwendung des Hebesatzes, "der von der hebeberechtigten Gemeinde für das dem Erhebungszeitraum entsprechende Rechnungsjahr festgesetzt ist" (§ 16 GewStG), auf den einheitlichen Steuermeßbetrag bzw. den Zerlegungsanteil ergibt.

b) Der Aussagegehalt der Statistik für die Gewerbesteuerschätzung

Zur Beurteilung des Aussagegehalts der Quellenstatistik für die Gewerbeschätzung sind ihre Auswertungsmöglichkeiten zu untersuchen. Diese Auswertung hat zum Ziel, Art und Ausmaß der Beziehungszusammenhänge, die zwischen den ausgewiesenen Größen bestehen, aufzudecken. Um sowohl die strukturellen Beziehungen der Daten als auch ihre Entwicklung im Zeitablauf zu ermitteln, sind Querschnitts- und Zeitreihenanalysen durchzuführen. Folglich sind bei erstmaliger Anwendung des hier entwickelten Verfahrens zunächst für vergangene Erhebungszeiträume Quellenstatistiken aufzubereiten. Für eine aussagekräftige Auswertung müßten zumindest die Ergebnisse der Erhebungszeiträume, die sich über die letzten fünf Jahre und damit etwa über einen Konjunkturzyklus erstrecken, verarbeitet werden. Es handelt sich hierbei um eine einmalige Arbeit, die zudem nur geringen Verwaltungsaufwand erfordert, weil sie lediglich in der Aufbereitung ohnehin vorhandener Informationen besteht.

Oben wurde bereits darauf hingewiesen, daß eine regressionsanalytische Behandlung kommunaler Daten nicht in Frage kommt, da bei einer kleinräumlichen Prognose die Voraussetzungen des zentralen Grenzwertsatzes nicht gegeben sind und bestehende Interdependenzen nicht als allgemeingültige starre Relationen zu verstehen sind, sondern nur ort- und zeitspezifische Gültigkeit besitzen. Liegen Nachrichten über Entwicklungen vor, die Art und vor allem Ausmaß der ex-post ermittelten Relationen im betreffenden Erhebungszeitraum verändern (z.B. Neugründung eines Gewerbebetriebes oder Steuerrechtsänderung), so sind folglich entsprechende Modifikationen vorzunehmen. Es kann im weiteren also nur formal dargestellt werden, wie bei der Auswertung der Statistik vorzugehen ist, um die zum Zwecke der Vorausschätzung erforderlichen Informationen zu gewinnen.

Zunächst ist zu untersuchen, welche Korrelation zwischen der gesamtwirtschaftlichen Entwicklung und den Gewinnen bzw. Verlusten aus Gewerbebetrieb besteht. Um die besondere Wirtschaftsstruktur der Gemeinde und typische Branchenkonjunkturen für die Vorausschätzung berücksichtigen zu können, wurde eine Disaggregierung des Bruttoinlandsprodukts als Maßgröße der gesamtwirtschaftlichen Entwicklung in die Beiträge der einzelnen Branchen zum Bruttoinlandsprodukt vorgenommen. Nun ist aber die Zusammensetzung der Beiträge zum Bruttoinlandsprodukt durchaus verschieden, d.h. die Gewinnanteile können zwischen den einzelnen Branchen mehr oder weniger stark voneinander abweichen. Dies gilt insbesondere auf Gemeindeebene, da sich hier die örtlichen Besonderheiten voll auswirken und durch den Bundes- oder Landesdurchschnitt nicht aufgewogen werden. Es ist also für jede Branche getrennt die Beziehung zu analysieren, die zwischen den jährlichen Veränderungen des Beitrages zum Bruttoinlandsprodukt und der Ausgangsgröße nach § 7 GewStG besteht. Bei der Zeitreihenanalyse wird man darauf stoßen, daß diese Relation nicht konstant, sondern im Konjunkturverlauf Schwankungen unterworfen ist. Diese Schwankungen lassen sich auf den sog. "Lohn-lag" zurückführen, "der seine wichtigste Ursache wohl darin hat, daß das öffentliche Bewußtsein und damit auch die Lohnpolitik, die zudem durch die Fristen der Tarifverträge gebunden ist, der Konjunktur um mehrere Monate verzögert folgen" (62). Folglich werden im Aufschwung die Unternehmereinkommen den Einkommen aus unselbständiger Arbeit vorauseilen, während in der Hochkonjunktur und in der Anfangsphase des Abschwunges ein Anpassungsprozeß stattfindet (vgl. Abb. 3). Neben der "Strukturkomponente", die die unterschiedliche Gewinnsituation in den einzelnen Branchen berücksichtigt, ist demnach für die Vorausschätzung auch diese "Verteilungskomponente" zu beachten.

Zur Auswertung der Quellenstatistik wird deshalb folgendes Verfahren vorgeschlagen:

1. Gegenüberstellung der jährlichen Veränderungsraten von Bruttoinlandsprodukt und Einkommen aus Unternehmertätigkeit und Vermögen, die vom Statistischen Bundesamt in ihren "Volkswirtschaftlichen Gesamtrechnungen" veröffentlicht werden:

$$\frac{\text{Veränderung des Einkommens aus U.u.V. gegenüber Vorjahr in v.H.}}{\text{Veränderung des BIP gegenüber Vorjahr in v.H.}} = \text{Modifikationskoeffizient}$$

2. Dieser "Modifikationskoeffizient" wird auf die Veränderungsraten der Beiträge der einzelnen Branchen zum Bruttoinlandsprodukt gegenüber dem letzten Erhebungszeitraum, die der Quellenstatistik entnommen werden, angewandt:

   Veränderung des Beitrages der Branche A zum BIP gegenüber Vorjahr in v.H. x Modifikationskoeffizient = modifizierter Beitrag.
   Damit ist die "Verteilungskomponente" berücksichtigt.

3. Untersuchung der Beziehung zwischen "modifiziertem Beitrag" und Veränderung des Gewinns aus Gewerbebetrieb derselben Branche gegenüber dem Vorjahr, die ebenfalls in der Quellenstatistik ausgewiesen ist:

$$\frac{\text{Veränderung des Gewinns aus Gewerbebetrieb der Branche A gegenüber Vorjahr in v.H.}}{\text{modifizierter Beitrag der Branche A}} = \text{Ertragskoeffizient}$$

   Der Ertragskoeffizient gibt also an, um wieviel Prozent sich der Gewinn aus Gewerbebetrieb einer Branche ändert, wenn der Beitrag derselben Branche zum Bruttoinlandsprodukt - nach der zur Berücksichtigung der "Verteilungskomponente" erforderlichen Modifikation - um 1 v.H. variiert.

Durch Zeitreihenanalyse ist dieser Koeffizient für die statistisch erfaßten Erhebungszeiträume zu ermitteln und seine Entwicklung im Zeitablauf zu untersuchen. Schon hier sei darauf hingewiesen, daß nicht einfach der zuletzt errechnete Koeffizient oder ein Durchschnittswert aus mehreren Jahren unbesehen für die Vorausschätzung übernommen werden darf; es müs-

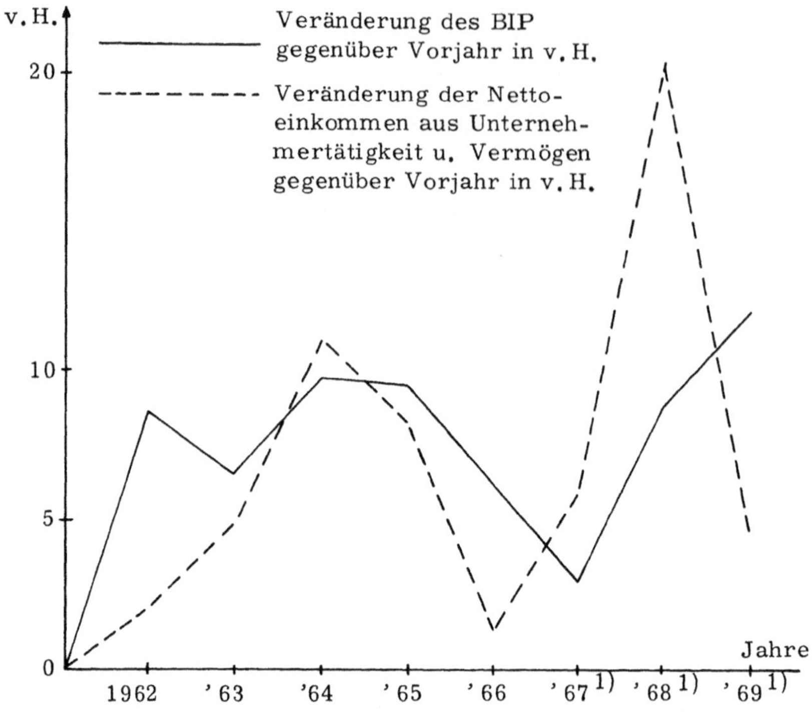


Abb. 3: Die Entwicklung der Einkommen aus Unternehmertätigkeit und Vermögen im Konjunkturverlauf 2)

1) Vorläufige Ergebnisse

2) Quelle: Statistisches Bundesamt

sen vielmehr die ex-post-Koeffizienten von Sondereinflüssen bereinigt, andererseits ertragsrelevante Veränderungen im Prognosezeitraum berücksichtigt werden (63). Daraus folgt, daß eine möglichst exakte Gewerbesteuerschätzung eine Kommunikation erfordert, die alle Informationen über gewerbesteuerlich bedeutsame wirtschaftliche, rechtliche und politische Vorgänge, die in der Gemeindeverwaltung anfallen, auch dem Kämmerer zuleitet. Erst dann kann er die Relationen, die sich aus der Auswertung der Statistiken vergangener Erhebungszeiträume ergeben haben, fundiert der aktuellen Entwicklung anpassen.

Nach der Auswertung der Zusammenhänge, die zwischen der gesamtwirtschaftlichen Entwicklung und dem gewerblichen Erfolg bestehen, sind die Beziehungen der Ausgangsgröße zu den in den §§ 8 und 9 GewStG kodifizierten Hinzurechnungen und Kürzungen zu untersuchen. Durch die Disaggregation in Wirtschaftszweigen wird die branchenspezifische Zusammensetzung der Hinzurechnungen und Kürzungen berücksichtigt, so daß die sich hieraus ergebende Beziehung zwischen diesen Modifikationen und der Ausgangsgröße für jede Branche gesondert mit Hilfe der Zeitreihenanalyse quantitativ erfaßt werden kann. Entsprechend der Struktur der Modifikationen wird ihre Entwicklung mehr oder weniger stark von der der Ausgangsgröße abweichen. So werden beispielsweise in einem Gewerbebetrieb, dessen Hinzurechnungen größtenteils aus Renten und dauernden Lasten gemäß § 8 Nr. 2 GewStG und dessen Kürzungen aus dem Abzug von 3 v.H. des Einheitswertes des Grundbesitzes (§ 9 Nr. 1 GewStG) bestehen, diese Modifikationen im Zeitablauf weitgehend fix sein. Die Hinzurechnungen der Gewinnanteile des stillen Gesellschafters und des persönlich haftenden Gesellschafters einer KGaA oder die Verlustanteile an einer Mitunternehmergemeinschaft (§ 8 Nr. 3, 4 und 8 GewStG) ebenso wie die Kürzungen um die Gewinnanteile an einer Mitunternehmergemeinschaft (§ 9 Nr. 2 GewStG) oder an einer Kapitalgesellschaft, auf die das Schachtelprivileg nach § 9 Nr. 2 a GewStG angewandt werden kann, dürften hingegen relativ konjunkturreagibel sein. Die Auswertung ergibt also, in welchem Verhältnis zum gewerblichen Gewinn sich in den einzelnen Branchen der betreffenden Gemeinde die Hinzurechnungen und Kürzungen in der Vergangenheit entwickelt haben.

Fingerzeige für die Vorausschätzung der Steuermeßbeträge nach dem Gewerbeertrag, die durch die Anwendung von Steuermeßzahlen auf die Gewerbeerträge ermittelt werden, vermag eine Analyse der durchschnittlichen Meßzahl in den einzelnen Wirtschaftszweigen zu liefern, die in der Quellenstatistik ausgewiesen sind. Dabei muß die oben geschilderte Anfangsprogression (64) bei gewerbetreibenden natürlichen Personen und Mitunternehmergemeinschaften für die Vorausschätzung berücksichtigt werden. Da bei diesen Steuerobjekten die Meßzahl für Gewerbeerträge über 16.800 DM ebenfalls 5 v.H. beträgt - bei Kapitalgesellschaften gilt dieser Satz durchgängig - muß sich die durchschnittliche Steuermeßzahl bei zunehmender Bemessungsgrundlage asymptotisch einem Wert von 5 v.H. nähern. Beachtet man diese Beziehung, dann läßt sich die zuletzt errechnete durchschnittliche Meßzahl einer Branche entsprechend der vorausgeschätzten Entwicklung des Gewerbeertrages modifizieren. Die Anwendung der so abgeleiteten durchschnittlichen Meßzahl auf den geschätzten Gewerbeertrag ergibt den Steuermeßbetrag nach dem Gewerbeertrag eines Wirtschaftszweiges.

Die Auswertung der in der Quellenstatistik branchenweise ausgewiesenen Einheitswerte der Gewerbebetriebe wird eine diskontinuierliche Entwicklung zeigen, die durch Wertsprünge in einem Abstand von jeweils drei Jahren geprägt ist. Diese Wertsprünge sind Ausfluß der besonderen Technik der Einheitsbewertung: Die Einheitswerte werden nämlich allgemein für wirtschaftliche Einheiten des Betriebsvermögens nur in Zeitabständen von drei Jahren - für Grundbesitz und Mineralgewinnungsrechte sogar nur in Zeitabständen von sechs Jahren - festgestellt (§ 21 Abs. 1 Satz 1 BewG) (65). Sie werden allerdings angepaßt, wenn der Wert, der sich zu Beginn eines Kalenderjahres ergibt, in einem bestimmten Ausmaß - um mehr als ein Fünftel, mindestens aber um 5.000 DM, oder um mehr als 100.000 DM - von dem Einheitswert des letzten Feststellungszeitpunktes abweicht (§ 22 Abs. 1 Nr. 2 BewG) (66). Da diese Wertgrenzen aber zumindest von Klein- und Mittelbetrieben während des Hauptfeststellungszeitraumes nur selten überschritten werden, bleiben ihre Einheitswerte in diesem Zeitraum allgemein konstant. Bei diesen Betrieben muß folglich die Beziehung zwischen der wirtschaftlichen Entwicklung und dem Einheitswert untersucht werden, indem die Veränderung der Beiträge der jeweiligen Branche zum Bruttoinlandsprodukt während des Hauptveranlagungszeitraumes der Veränderung des Einheitswertes im selben Zeitraum gegenübergestellt wird. Fällt der Hauptfeststellungszeitpunkt in den vorauszuschätzenden Erhebungszeitraum, so ist diese Relation der Schätzung zugrunde zu legen. Bei den Großbetrieben hingegen, die in der Quellenstatistik getrennt ausgewiesen werden, ist zunächst zu ermitteln, um wieviel v.H. sich der Einheitswert in der Vergangenheit durchschnittlich veränderte, wenn das "Branchen-Bruttoinlandsprodukt" um 1 v.H. variierte. Damit hat man einen Anhaltspunkt, um einmal vorausschätzen zu können, bei welcher Veränderung des Beitrags der betreffenden Branche zum Bruttoinlandsprodukt mit einer Überschreitung der festen Wertgrenze von 100.000 DM in dem zu untersuchenden Großbetrieb zu rechnen ist, und um zum anderen das Ausmaß der dann erforderlichen Wertfortschreibung bzw., im Hauptfeststellungszeitpunkt, den neuen Einheitswert prognostizieren zu können.

Für die Hinzurechnungen und Kürzungen in der Gewerbekapitalsteuer gemäß § 12 GewStG gilt entsprechendes wie bei den Modifikationen der Gewerbeertragsteuer: Mittels der Zeitreihenanalyse ist die Beziehung zwischen den Hinzurechnungen und Kürzungen und dem gewerblichen Erfolg für jede Branche getrennt zu untersuchen, um die spezifische Struktur dieser Modifikationen und die daraus resultierenden Korrelationen mit der Ausgangsgröße ermitteln zu können. Dabei ist allerdings zu beachten, daß die Hinzurechnungen und Kürzungen grundsätzlich (67) auf denselben Stichtag vorzunehmen sind, auf den der Einheitswert des gewerblichen Betriebs festgestellt worden ist (Abschn. 75 Abs. 1 Satz 3 GewStR 1969). Bei Klein- und Mittelbetrieben wird folglich ebenso wie bei den Einheitswerten eine Neubewertung der Modifikationen durchweg nur zu den Hauptfeststellungszeitpunkten erfolgen und die Vorausschätzung mithin analog vorzunehmen sein.

Damit ist die Auswertung der Quellenstatistik weitgehend abgeschlossen, denn die Ermittlung des Gewerbekapitals, des Meßbetrages nach Gewerbekapital (einheitliche Meßzahl !), des einheitlichen Meßbetrages und der Gewerbesteuer durch Anwendung des Hebesatzes sind rein technische Vorgänge, die keine Schätzungsproblematik aufweisen. Lediglich der Zerlegungsanteil ist noch vorauszuschätzen; die Relation zwischen Zerlegungsanteil und einheitlichem Meßbetrag - dieser v.H.-Satz wird ebenfalls in der Quellenstatistik ausgewiesen - wird hier als Ausgangspunkt der Schätzung dienen können, denn aus der Entwicklung dieser Beziehung in den statistisch erfaßten Erhebungszeiträumen läßt sich auf ihren v.H.-Satz im Prognosezeitraum schließen und damit der Zerlegungsanteil aus dem bereits geschilderten einheitlichen Meßbetrag ableiten.

Es dürfte deutlich geworden sein, daß die Aufbereitung von Quellenstatistiken und ihre Auswertung unter dem Aspekt der Vorausschätzung wichtige Informationen über die wirtschaftliche Struktur des Gewerbesteueraufkommens einer Gemeinde liefern. Gemeinsam mit der Untersuchung der zahlungstechnischen Komponenten bilden sie die Grundlagen einer analytischen Gewerbesteuerschätzung, die im folgenden zunächst für die jährliche Haushaltsplanung darzustellen ist.

B Die Vorausschätzung des Gewerbesteueraufkommens im Haushaltsjahr

Charakteristikum des hier entwickelten Verfahrens ist die Berücksichtigung sowohl der wirtschaftlichen als auch der zahlungstechnischen Komponenten in ihren Auswirkungen auf das Gewerbesteueraufkommen des Prognosezeitraums. Es ist jetzt darzustellen, wie die Verbindung dieser beiden Einflußgrößen zu erreichen ist und damit die bisher erzielten Erkenntnisse konkret für die Haushaltsplanung der Gemeinden nutzbar gemacht werden können. Zur Verdeutlichung soll dabei das bislang verwendete Beispiel der Haushaltsplanung für das Jahr 1970 fortgeführt werden.

1. Prognose des Veranlagungsvolumens der verschiedenen Erhebungszeiträume

Die Arbeiten am Entwurf des Haushaltsplans für das Jahr 1970 begannen etwa Mitte 1969. In dieser Zeit war die Veranlagung 1967 weitgehend abgeschlossen, so daß die Quellenstatistik für diesen Erhebungszeitraum aufbereitet sein konnte. Das Gewerbesteueraufkommen im Haushaltsjahr 1970 wird aber weitgehend durch die Veranlagungsvolumina der Erhebungszeiträume 1968 bis 1970 determiniert, auf die sich der größte Teil der Abschlußzahlungen und die Vorauszahlungen beziehen. Demnach sind zunächst die Volumina dieser drei Veranlagungen zu prognostizieren, bevor daraus unter Berücksichtigung der zahlungs- und erhebungstechnischen Besonderheiten der Gewerbesteuer ihr Aufkommen im Haushaltsjahr abgeleitet werden kann.

Da für die Vorausschätzung der Veranlagungsvolumina die aus den Quellenstatistiken gewonnenen Informationen verwertet werden sollen, wird die Prognose zweckmäßigerweise an Hand von ex-ante-Quellenstatistiken für die betreffenden Erhebungszeiträume vorgenommen. Dabei sind bei erstmaliger Anwendung des hier entwickelten Verfahrens drei Statistiken zu erarbeiten, während im weiteren jeweils nur eine Quellenstatistik neu zu erstellen ist und die Statistiken der zurückliegenden Erhebungszeiträume lediglich dem neuesten Informationsstand anzupassen sind.

Im folgenden ist zu untersuchen, welche Daten zu Beginn der Arbeiten am Haushaltsplanentwurf vorhanden sind bzw. welche Informationen bereitgestellt werden müssen und wie sie zu verarbeiten sind, um eine fundierte Vorausschätzung der Veranlagungsvolumina der verschiedenen Erhebungszeiträume auf der Basis der durch die Auswertung der Quellenstatistiken erfaßten Beziehungszusammenhänge zu gewährleisten.

a) Das Volumen der Basisveranlagung

Für die Haushaltsplanung 1970 ist die Basisveranlagung der Erhebungszeitraum 1968. Während der Arbeiten am Entwurf - in den Sommermonaten des Jahres 1969 - wurden die für das Verfahren erforderlichen gesamtwirtschaftlichen Größen des abgelaufenen Jahres, nämlich das Bruttoinlandsprodukt, das Einkommen aus Unternehmertätigkeit und Vermögen und die Beiträge der Wirtschaftsbereiche zum Bruttoinlandsprodukt, mit ihren vorläufigen Ergebnissen in den "Volkswirtschaftlichen Gesamtrechnungen" des Statistischen Bundesamtes veröffentlicht (68). Damit sind die Voraussetzungen gegeben, um den "Modifikationskoeffizienten" und den "modifizierten Beitrag" zu errechnen und durch Anwendung des aus der Auswertung der Quellenstatistiken gewonnenen "Ertragskoeffizienten" auf den "modifizierten Beitrag" den Gewinn aus Gewerbebetrieb - also die Ausgangsgröße nach § 7 GewStG - für jede Branche zu ermitteln. Es sei noch einmal darauf hingewiesen (69), daß dieser "Ertragskoeffizient" ebenso wie die übrigen Auswertungsergebnisse nicht einfach mechanisch übernommen werden sollen, sondern daß sie, falls Informationen über Sonderentwicklungen vorliegen (70), diesen angepaßt werden müssen.

Für die so geschätzten Ausgangsgrößen der einzelnen Branchen sind dann mit Hilfe der aus der Quellenstatistik abgeleiteten Relationen die Hinzurechnungen und Kürzungen zu ermitteln; ausgehend von dem Ergebnis der zuletzt abgeschlossenen Veranlagung (im Beispiel die Veranlagung 1967) ist dann die durchschnittliche Meßzahl nach Gewerbeertrag jeder Branche in Abhängigkeit von der Entwicklung der Ausgangsgröße zu schätzen. Für die Prognose der Einheitswerte ist zu beachten, daß in den Erhebungszeitraum 1968 kein Hauptfeststellungszeitpunkt fällt, so daß zumindest die Einheitswerte der Klein- und Mittelbetriebe sich gegenüber dem Vorjahr kaum verändert haben dürften, ebensowenig infolgedessen die Hinzurechnungen und Kürzungen. Informationen über evtl. Wertfortschreibungen bei Großbetrieben lassen sich durch Kontaktaufnahme mit dem zuständigen Finanzamt beschaffen, da "in den Fällen einer Änderung der tatsächlichen Verhältnisse der Beginn des Kalenderjahres, das auf die Änderung folgt", erst der Fortschreibungszeitpunkt ist (§ 22 Abs. 4 Satz 2 BewG); im Erhebungszeitraum 1968 werden deshalb Änderungen steuerwirksam, die bereits im Jahre 1967 verursacht worden sind. Für die Schätzungen der bei einer Wertfortschreibung möglichen Anpassung der Hinzurechnungen und Kürzungen an die Verhältnisse im Fortschreibungszeitpunkt gilt Entsprechendes.

Mit diesen Größen lassen sich jetzt die einheitlichen Steuermeßbeträge in den einzelnen Wirtschaftszweigen errechnen und mit Hilfe der aus der Quellenstatistik gewonnenen Relationen zwischen Zerlegungsanteil und einheitlichem Meßbetrag die Zerlegungsanteile schätzen. Durch Anwendung des Hebesatzes, der von der Gemeinde für den Erhebungszeitraum 1968 festgesetzt worden war, auf den einheitlichen Steuermeßbetrag bzw. den Zerlegungsanteil ergibt sich dann das Gewerbesteuervolumen der Basisveranlagung.

b) Das Veranlagungsvolumen im "Entwurfsjahr"

Die Arbeiten am Haushaltsplanentwurf fallen in das Jahr, das der Planperiode vorangeht; im Beispiel der Haushaltsplanung 1970 ist das "Entwurfsjahr" also das Jahr 1969. Mitte 1969 benötigt der Kämmerer folglich Informationen über die wahrscheinliche gesamtwirtschaftliche Entwicklung im laufenden Jahr. Er selbst ist natürlich nicht in der Lage, eine fundierte Prognose volkswirtschaftlicher Gesamtgrößen zu erstellen, sondern vielmehr auf die Hilfe anderer Institutionen angewiesen. Hier bietet sich der Arbeitskreis "Steuerschätzungen" an, dem ja auch die Vertreter der kommunalen Spitzenverbände angehören.

Die Steuerschätzungen dieses Arbeitskreises basieren - wie bereits oben ausgeführt (71) - auf der voraussichtlichen gesamtwirtschaftlichen Entwicklung, d.h. es werden zunächst Annahmen über die wahrscheinliche Veränderung volkswirtschaftlicher Gesamtgrößen im Prognosezeitraum gemacht. In der ersten Beratung des Jahres, die vor allem der Ermittlung der Sollansätze für den Haushaltsentwurf dient, werden zudem die volkswirtschaftlichen Grundlagen der Steuerschätzung für das laufende Haushaltsjahr überprüft und bei veränderten Voraussetzungen die Schätzungen entsprechend angepaßt. Im Beispiel wurde im Frühjahr 1969 die Projektion der gesamtwirtschaftlichen Entwicklung für das laufende Jahr dem letzten Informationsstand angepaßt. Dabei ging man von der Jahresprojektion aus, die die Bundesregierung als Bestandteil des Jahreswirtschaftsberichts erstellt, der im Januar eines jeden Jahres dem Bundestag und dem Bundesrat vorzulegen ist (72). In dieser Projektion werden auch die für das hier entwickelte Verfahren erforderlichen gesamtwirtschaftlichen Größen "Bruttoinlandsprodukt" und "Einkommen aus Unternehmertätigkeit und Vermögen" ausgewiesen (73). Die noch fehlenden Beiträge der einzelnen Wirtschaftszweige zum Bruttoinlandsprodukt lassen sich der Projektion des Rheinisch-Westfälischen Instituts für Wirtschaftsforschung entnehmen, das ja ebenfalls dem Arbeitskreis "Steuerschätzungen" angehört und dessen Verfahren auf Branchenprojektionen beruht, die jeweils zur ersten Sitzung des Arbeitskreises für das laufende Jahr dem neuesten Informationsstand angepaßt werden müssen. Die kommunalen Spitzenverbände, die den Gemeinden bisher bereits die vom Arbeitskreis erzielten Steuerschätzungsergebnisse mitteilten, können dann also ihren Mitgliedsgemeinden ohne großen zusätzlichen Verwaltungsaufwand auch Informationen über die vom Arbeitskreis für das laufende Jahr erwartete Entwicklung des Bruttoinlandsprodukts, der Einkommen aus Unternehmertätigkeit und der Beiträge der einzelnen Branchen zum Bruttoinlandsprodukt liefern.

Im übrigen ist bezüglich der Prognose des Veranlagungsvolumens im "Entwurfsjahr" auf die Ausführungen zur Vorausschätzung des Volumens der Basisveranlagung zu verweisen. Im Beispiel fällt allerdings in das "Entwurfsjahr" der Hauptfeststellungszeitpunkt für die Einheitsbewertung, so daß die Veränderungen der Einheitswerte der gewerblichen Betriebe und der Hinzurechnungen und Kürzungen entsprechend den oben geschilderten Verfahren (74) zu schätzen sind.

c) Das Veranlagungsvolumen im Haushaltsjahr

Die Vorausschätzung des Veranlagungsvolumens im Haushaltsjahr - im Beispiel das Jahr 1970 - ist mit der größten Unsicherheit behaftet, da hier keinerlei vorläufige Ergebnisse der gesamtwirtschaftlichen Entwicklung wie bei der Basisveranlagung oder für die ersten Monate wie im "Entwurfsjahr" vorliegen und der Prognosezeitraum am weitesten in die Zukunft reicht.

Die erforderlichen Informationen über die voraussichtliche Entwicklung der volkswirtschaftlichen Gesamtgrößen im Haushaltsjahr können die Gemeinden wiederum über die kommunalen Spitzenverbände vom Arbeitskreis "Steuerschätzungen" beziehen. Dem Arbeitskreis liegt bei der Beratung, die der Ermittlung der Sollansätze für den Haushaltsentwurf dient, die erste Vorausschätzung der Wirtschaftsentwicklung im Haushaltsjahr vor, die vom interministeriellen Arbeitskreis "Gesamtwirtschaftliche Vorausschätzungen" im Frühjahr des vorhergehenden Jahres erarbeitet wurde (75).

Auf dieser Basis kann das RWI dann seine Branchenprojektion erstellen, so daß die kommunalen Spitzenverbände ihre Mitgliedsgemeinden gemeinsam mit den "angepaßten" Ergebnissen für das "Entwurfsjahr" über die voraussichtliche Entwicklung von Bruttoinlandsprodukt, Einkommen aus Unternehmertätigkeit und Vermögen und Beiträgen der einzelnen Wirtschaftszweige zum Bruttoinlandsprodukt im Haushaltsjahr informieren können.

Das Verfahren zur Vorausschätzung des Veranlagungsvolumens entspricht im übrigen dem bei der Prognose der Volumina in den beiden anderen relevanten Erhebungszeiträumen praktizierten Vorgehen. Es basiert also auf der Auswertung der Quellenstatistiken und der Anwendung der ermittelten Relationen auf die extern prognostizierten volkswirtschaftlichen Gesamtgrößen, um dadurch die Auswirkungen der gesamtwirtschaftlichen Entwicklung auf das gewerbesteuerliche Veranlagungsvolumen der Gemeinde zu erfassen. Es sei darum noch einmal darauf hingewiesen, daß die sich aus der Auswertung ergebenden Beziehungszusammenhänge Vergangenheitsgrößen und keineswegs unveränderlich sind. Deshalb ist das Verfahren so offen, daß Informationen über Vorgänge, die zu einer Veränderung der bisher benutzten Relationen führen, mit ihren Folgerungen für das Veranlagungsvolumen unmittelbar berücksichtigt werden können. Um eine möglichst exakte Schätzung zu gewährleisten, muß aber sichergestellt sein, daß der Kämmerer über alle gewerbesteuerlich relevanten Datenvariationen - wie z.B. Steuerrechtsänderungen oder Neugründungen größerer Gewerbebetriebe in der Gemeinde - informiert ist, damit er entsprechende Schätzungsmodifikationen vornehmen kann. Im übrigen ist durch die jährliche Auswertung der letzten Veranlagung in der Quellenstatistik dafür gesorgt, daß die Relationen der neuen Entwicklungen permanent angepaßt werden.

2. Ableitung des Aufkommens aus den zahlungstechnischen Komponenten

Nach der Vorausschätzung des Veranlagungsvolumens der verschiedenen Erhebungszeiträume ist jetzt zu ermitteln, welche Anteile dieser Volumina im Haushaltsjahr aufkommen werden. Es sind also die Auswirkungen des time-lag, der sich aus der besonderen Veranlagungs- und Zahlungstechnik der Gewerbesteuer ergibt, auf das Gewerbesteueraufkommen zu berücksichtigen. Zuvor sollen aber Art und Bedeutung dieser technischen Einflußfaktoren auf das Gewerbesteueraufkommen noch einmal an einem Beispiel verdeutlicht werden, das den Mitteilungen des Bundesministers der Finanzen über "Die Steuereinnahmen des Bundes und der Länder im Juni 1970 und im 1. Halbjahr 1970" entnommen ist. Dieses Beispiel bezieht sich zwar auf die veranlagte Einkommen- und die Körperschaftsteuer, gilt aber analog für die Gewerbesteuer, da ihr Veranlagungsrhythmus - mit gewisser zeitlicher Verzögerung (76) - dem der beiden anderen Veranlagungssteuern entspricht.

Die Abnahme des Aufkommens an veranlagter Einkommen- und Körperschaftsteuer im ersten Halbjahr 1970 gegenüber dem gleichen Vorjahreszeitraum (77) wurde in den Mitteilungen wie folgt begründet: "Wie im März 1970 blieben auch zum zweiten Vorauszahlungstermin die Einnahmen aus der veranlagten Einkommensteuer und aus der Körperschaftsteuer hinter den Vorjahresergebnissen zurück. Bei den Arbeiten an der Veranlagung 1968 sowohl der Einkommensteuer als auch der Körperschaftsteuer wirkt sich die gleichzeitig durchgeführte Vermögensteuerhauptveranlagung 1969 aus, die im Berichtsmonat zwar zu einer Steigerung des Aufkommens aus der Vermögensteuer um 214 v.H. geführt hat, aber gleichzeitig verspätete Abschlußzahlungen und Vorauszahlungsanpassungen bei der Einkommen- und Körperschaftsteuer verursacht. Die Verzögerung der Veranlagung 1968 geht deutlich aus der im BMF geführten Repräsentativstatistik hervor.

Die Veranlagungsarbeiten für 1968 blieben danach bis Ende Mai 1970 bei der veranlagten Einkommensteuer um rd. 10 v.H. und bei der Körperschaftsteuer um rd. 20 v.H. hinter dem Vorjahresstand zurück. Zum Teil dürfte diese Verzögerung auch auf den schleppenden Eingang der Steuererklärungen für 1968 bei den Finanzämtern zurückzuführen sein (78). Die Verspätung dieser Steuererklärungen sei mit der nach der Systemumstellung erstmals für 1968 abzugebenden Mehrwertsteuererklärung zu erklären.

Abschließend werden noch zwei weitere Gründe für das Nachhinken der Veranlagungsarbeiten 1968 und damit für den Einnahmerückgang bei der Einkommen- und Körperschaftsteuer genannt: "die erstmals bei den Steuererklärungen 1969 mögliche Kennzeichnung von bevorzugt zu veranlagenden Erstattungsfällen und die beschleunigte Abwicklung des Lohnsteuerjahresausgleichs 1969" (78).

Aus dem Beispiel dürfte ersichtlich sein, welchen Einfluß die Veranlagungs- und Zahlungstechnik auf das Aufkommen an Veranlagungssteuern besitzt. Es ist deshalb im folgenden darzustellen, wie diese technischen Einflußfaktoren, die bereits oben analysiert wurden (79), bei der Vorausschätzung des Gewerbesteueraufkommens im Haushaltsjahr berücksichtigt werden können.

a) Das Aufkommen an Abschlußzahlungen aus der Basisveranlagung

Aus der "Morphologie" der Gewerbesteuerzahlungen ergab sich, daß das Aufkommen der zahlungstechnischen Komponenten entscheidend durch den Ablauf der Veranlagungsarbeiten der Finanzämter determiniert wird. Der Kämmerer muß sich also beim zuständigen Finanzamt zu Beginn seiner Arbeit am Haushaltsplanentwurf erkundigen, wie der Stand der Veranlagungen derzeit ist - im Beispiel Mitte 1969 - und wie der zeitliche Ablauf der steuerlichen Erhebungen des Finanzamtes bis zum Ende des Prognosezeitraumes (1970) geplant ist. An Hand dieser Informationen kann er dann feststellen, ob mit einer Beschleunigung oder einer Verzögerung der gewerbesteuerlichen Veranlagungen gegenüber früheren Jahren zu rechnen ist, und daraus wiederum ableiten, in welchem Ausmaß Abschlußzahlungen aus den verschiedenen Erhebungszeiträumen im Haushaltsjahr aufkommen werden.

Das Aufkommen an Abschlußzahlungen aus der Basisveranlagung - im Beispiel der Erhebungszeitraum 1968 - im Haushaltsjahr 1970 läßt sich demnach wie folgt ermitteln:

Volumen der Basisveranlagung

./. im Jahr 1968 geleistete Vorauszahlungen
./. im Jahr 1969 bereits fällige Abschlußzahlungen aus der Basisveranlagung

./. im Jahr 1971 und später aufkommende Abschlußzahlungen aus der Basisveranlagung

= Aufkommen an Abschlußzahlungen aus der Basisveranlagung in 1970

Das Volumen der Basisveranlagung wird gemäß dem geschilderten Verfahren vorausgeschätzt, die im Jahr 1968 geleisteten Vorauszahlungen sind Mitte 1969 bekannt, und die Anteile, die bereits 1969 bzw. erst 1971 und später aufkommen, kann der Kämmerer aus dem geplanten Ablauf der Veranlagungsarbeiten des Finanzamtes im Prognosezeitraum im Vergleich mit früheren Jahren ableiten.

b) Das Aufkommen aus Vorauszahlungen

Die Vorauszahlungen eines Gewerbebetriebes sollen gemäß § 19 Abs. 2 GewStG grundsätzlich der Steuer entsprechen, die sich bei seiner letzten Veranlagung ergeben hat. Die letzte Veranlagung im Sinne des Gesetzes wird beispielsweise im Haushaltsjahr 1970 fast ausnahmslos entweder die Veranlagung 1968 (Basisveranlagung) oder - vor allem bei kleineren Gemeinden - die Veranlagung 1969 sein. Um die im Jahre 1970 eingehenden Vorauszahlungen vorausschätzen zu können, muß sich daher der Kämmerer zunächst beim Finanzamt über den geplanten zeitlichen Ablauf der steuerlichen Erhebungen im Prognosezeitraum informieren, um dann unter Berücksichtigung der Ergebnisse vorangegangener Jahre vorauszuschätzen, zu welchem Teil die Veranlagung 1968 und die Veranlagung 1969 im Jahre 1970 oder genauer bis etwa Ende Oktober 1970 abgewickelt sein werden; der letzte Vorauszahlungstermin des Jahres und damit die letzte Möglichkeit zu einer automatischen Anpassung, die nicht auf der Anwendung des fiskalpolitischen Aktionsparameters der Kannvorschrift des § 19 Abs. 3 GewStG beruht, ist nämlich der 15. November (80). Bezieht er die so ermittelten Anteile auf die vorausgeschätzten Volumina der Basisveranlagung bzw. der Veranlagung 1969, dann ergibt sich das Volumen der letzten Veranlagung gemäß § 19 Abs. 2 GewStG und damit der "grundsätzliche" Betrag der Vorauszahlungen (81).

Die Differenz zwischen diesem Betrag, der sich bei ausschließlicher Anwendung des § 19 Abs. 2 GewStG ergibt, und dem vorausgeschätzten Veranlagungsvolumen im Haushaltsjahr würde im selben Jahr durch die Vorauszahlungen aufkommen, wenn die Kannvorschrift des § 19 Abs. 3 GewStG uneingeschränkt angewendet würde bzw. angewendet werden könnte, also die Vorauszahlungen derjenigen Steuer angepaßt würden, die sich für den laufenden Erhebungszeitraum voraussichtlich ergeben wird. Dem stehen aber die oben geschilderten politischen und rechtlichen Faktoren entgegen.

Die rechtlichen Faktoren bestehen in der unterschiedlichen Beweislast der Gemeinde bzw. des Finanzamtes und des Steuerschuldners. Der Steuerpflichtige braucht bei einem Antrag auf Herabsetzung der Gewerbesteuer nur glaubhaft zu machen, daß seine Bemessungsgrundlage entsprechend zurückgegangen ist. Verlangt die Gemeinde hingegen vom Steuerpflichtigen eine Erhöhung der Vorauszahlungen, so muß sie dies begründen. Das setzt aber Ermittlungsarbeiten des Finanzamtes voraus, die in der Regel recht langwierig sind. Abgesehen davon werden die Gemeinde bzw. das Finanzamt nur in einer beschränkten Zahl von Fällen überhaupt wahrnehmen, daß eine Erhöhung der Vorauszahlungen möglich ist. Daraus folgt, daß im konjunkturellen Abschwung, also in einer Zeit allgemein abnehmender Erträge, die Vorauszahlungen dem voraussichtlichen Veranlagungsvolumen weitaus genauer angepaßt werden als im Aufschwung.

Die politischen Faktoren gehen auf die Kannvorschrift des § 19 Abs. 3 GewStG zurück, der den Gemeinden einen Entscheidungsspielraum insbesondere bezüglich der Anpassung an steigende Erträge überläßt. Entsprechend ihrer politischen Strategie wird eine Gemeinde dieses Anpassungspotential entweder möglichst weitgehend ausschöpfen oder hierauf verzichten, um bei den Steuerpflichtigen ein Gefühl gegenseitiger Verbundenheit zu erzeugen, das ihr erlaubt, notfalls auch eine Erhöhung der Vorauszahlungen zu erreichen, ohne daß der Steuerschuldner auf den Nachweis einer entsprechenden Veränderung der Bemessungsgrundlage seitens der Gemeinde besteht. Welche Strategie eingeschlagen wird, hängt von der finanziellen Anspannung der Gemeinde, ihren Beziehungen zu den Steuerzahlern und evtl. "Empfehlungen" des Landes bzw. des Finanzplanungsrates (82) ab. Der Kämmerer dürfte über die Strategie, die im folgenden Jahr eingeschlagen wird und an deren Realisierung er ja nicht unwesentlich beteiligt ist, relativ genaue Vorstellungen besitzen und wird seine Gewerbesteuerschätzung daher darauf einstellen können.

Abschließend sei die Ableitung des Aufkommens aus Vorauszahlungen noch einmal zusammengefaßt: Zunächst wird das Volumen der "letzten Veranlagung" im Sinne des § 19 Abs. 2 GewStG an Hand der Informationen über den geplanten zeitlichen Ablauf der Veranlagungsarbeiten des Finanzamtes und der vorausgeschätzten Volumina der Veranlagungen 1968 und 1969 ermittelt. Anschließend wird aus der Differenz zwischen dem vorausgeschätzten Veranlagungsvolumen im Haushaltsjahr und dem Volumen der "letzten Veranlagung" das wahrscheinliche Anpassungspotential errechnet. Infolge der unterschiedlichen Beweislast kann unterstellt werden, daß bei negativer Differenz - also in einer Zeit überwiegend rückläufiger Erträge - das Anpassungspotential nahezu vollständig ausgeschöpft wird, bei positiver Differenz - also bei allgemein günstiger Ertragslage - hingegen nur in beschränktem Umfang. Genauere quantitative Vorstellungen über das Ausmaß dieser Anpassung können aus den Erfahrungswerten der Vergangenheit gewonnen werden. Dieses Ergebnis ist schließlich noch um die Auswirkungen der geplanten fiskalpolitischen Strategie der Gemeinde auf das Aufkommen an Vorauszahlungen zu modifizieren.

c) Das Aufkommen aus sonstigen Zahlungen

Die sonstigen Zahlungen bestehen im Beispiel aus den Abschlußzahlungen aus der Veranlagung 1969 sowie aus den Veranlagungen 1967 und früher und aus Veranlagungsberichtigungen. Die Ableitung des Aufkommens aus Abschlußzahlungen aus der Veranlagung 1969 wurde bereits bei der Darstellung der Vorauszahlungen berührt. Der Kämmerer kann aus den Informationen über den geplanten zeitlichen Ablauf der steuerlichen Erhebungsarbeiten des Finanzamtes im Prognosezeitraum im Vergleich zu früheren Jahren schließen, welcher v.H.-Satz des Veranlagungsvolumens 1969 wahrscheinlich im Jahre 1970 aufkommen wird; diesen Satz braucht er dann nur auf das vorausgeschätzte Volumen der Veranlagung 1969 anzuwenden.

Die noch ausstehenden Abschlußzahlungen aus den Erhebungszeiträumen 1967 und früher lassen sich relativ genau schätzen. Bei der Erstellung der Quellenstatistik für diese Zeiträume - also nach weitgehendem Abschluß der entsprechenden Veranlagungen - können die Steuerkarten derjenigen Steuerpflichtigen, die entweder noch nicht veranlagt sind oder denen z. B. eine Stundung gemäß § 127 AO gewährt worden ist, ausgesondert oder besonders gekennzeichnet werden. Es läßt sich dann durch Fühlungnahme mit dem Finanzamt feststellen, wann die Veranlagungen durchgeführt werden bzw. den Vermerken auf den Steuerkarten entnehmen, wann Steuerstundungen oder sonstige Zahlungsaufschübe auslaufen. Sind so die einzelnen Steuerfälle ermittelt, bei denen im Jahre 1970 noch mit Abschlußzahlungen gerechnet werden kann, dann läßt sich aus den Angaben der Steuerkarten dieser Steuerpflichtigen auch der Umfang des Aufkommens aus den "verspäteten" Abschlußzahlungen ableiten.

Die letzte Komponente des Gewerbesteueraufkommens sind die Zahlungen aus Veranlagungsberichtigungen, insbesondere auf Grund von Betriebsprüfungen und "Nachschauen". Der Kämmerer muß sich beim Finanzamt darüber informieren, in welchem Ausmaß Prüfungen stattfinden und wann sie voraussichtlich aufkommenswirksam werden. Bei Prüfungen von Großbetrieben, deren Ergebnisse zu einer ins Gewicht fallenden Aufkommensveränderung führen können, sollte er sich direkt mit den Betriebsprüfern in Verbindung setzen. Ansonsten dürften die Erfahrungswerte früherer Jahre die erforderlichen Anhaltspunkte liefern, um eine möglichst exakte Schätzung dieser in der Regel fiskalisch unbedeutendsten zahlungstechnischen Komponente des Gewerbesteueraufkommens zu gewährleisten.

Die Addition des so abgeleiteten Aufkommens aus den zahlungstechnischen Komponenten der Gewerbesteuer ergibt das Gewerbesteueraufkommen der Gemeinde im Haushaltsjahr. Gemäß § 6 Gemeindefinanzreformgesetz (83) muß die Gemeinde nach Maßgabe dieses Aufkommens eine Umlage an das für sie zuständige Finanzamt abführen, die "nach den Vorschriften über die Verteilung des Aufkommens der Einkommen- und Körperschaftsteuer auf den Bund und das Land aufzuteilen" ist. Die Umlage wird in der Weise ermittelt, daß das Istaufkommen der Gewerbesteuer im Erhebungsjahr "durch den von der Gemeinde für dieses Jahr festgesetzten Hebesatz der Steuer geteilt und mit 120 vom Hundert vervielfältigt wird". Aus der Differenz zwischen dem vorausgeschätzten Gewerbesteueraufkommen und der nach dieser Vorschrift errechneten Umlage ergibt sich dann das Gewerbesteueraufkommen, das der Gemeinde nach dem hier entwickelten Schätzungsverfahren im Haushaltsjahr voraussichtlich verbleibt.

## C Die Vorausschätzung des Gewerbesteueraufkommens für die mittelfristige Finanzplanung

Es ist nicht Aufgabe dieser Arbeit, das Für und Wider einer mittelfristigen Finanzplanung, die demnächst auch für alle Gemeinden obligatorisch wird (84), zu erörtern (85). Vielmehr ist zu untersuchen, welche Probleme sich aus einem mehrjährigen Planungszeitraum und der daraus resultierenden größeren Ungewißheit über die Entwicklung der Planungsgrundlagen für die Einnahmeschätzung der Gemeinden ergeben. Anschließend ist ein Verfahren - zunächst für die Gewerbesteuer- zu entwickeln, das diesen besonderen Schwierigkeiten längerfristiger Vorausschätzungen gerecht zu werden versucht.

## 1. Probleme mehrjähriger Schätzungen

Im Gespräch mit Praktikern aus der kommunalen Finanzverwaltung wird man immer wieder einer unüberhörbaren Skepsis begegnen, wenn die Möglichkeit einer auch nur halbwegs für einen Zeitraum von etwa fünf Jahren angeschnitten wird. Das ist auch daraus ersichtlich, daß bisher in vielen Städten, die grundsätzlich von den Vorteilen einer Finanzplanung überzeugt sind, angesichts der Schwierigkeiten der Einnahmeschätzung lediglich Investitionsprogramme erstellt wurden, in denen der Finanzbedarf ohne Rücksicht auf die konkreten Einnahmeverhältnisse ausgewiesen wird. Werden aber tatsächlich Finanzpläne erarbeitet, so beruhen die Einnahmeschätzungen einfach auf mehr oder weniger modifizierten Trendextrapolationen, die mit entsprechend starken Vorbehalten versehen werden (86). Um hier Abhilfe zu schaffen, ist also genau zu analysieren, welche Probleme gegenüber der Veranschlagung im einjährigen Haushaltsplan, die nach den obigen Untersuchungen relativ genau vorgenommen werden kann, bei einer längerfristigen Einnahmeschätzung zusätzlich auftauchen.

### a) Trendschätzung versus zyklische Schätzung (87)

Dem Ideal einer mittelfristigen Finanzplanung würde es natürlich entsprechen, wenn das jährliche Aufkommen der einzelnen Einnahmearten im Prognosezeitraum möglichst exakt geschätzt werden könnte. Da aber "auf der Einnahmeseite ... die quasiautomatische Konjunkturabhängigkeit der Haushaltsplanung in ausgeprägter Weise zum Ausdruck kommt" (88) und speziell die Steuereinnahmen in enger Beziehung zur gesamtwirtschaftlichen Entwicklung stehen, muß eine fundierte Konjunkturprognose für den Planungszeitraum vorliegen, um diesem Ideal gerecht werden zu können. Beim augenblicklichen Stand der Konjunkturforschung kann die konjunkturelle Entwicklung jedoch nur für einen relativ begrenzten Zeitraum mit einiger Zuverlässigkeit prognostiziert werden, nicht aber für eine Periode von vier bis fünf Jahren (89). Demnach läßt sich eine zyklische Schätzung, also eine Schätzung, die die Auswirkungen konjunktureller Schwankungen berücksichtigt, bei der mehrjährigen Finanzplanung nicht realisieren.

Da die Zeitspanne von fünf Jahren, die der Finanzplanung zugrunde gelegt wird, als eine Periode angesehen werden kann, die lang genug ist, um den Blick über die Wellenbewegung der Konjunktur hinweg auf den längerfristigen Wachstumstrend der Volkswirtschaft zu richten, wird vielmehr von einer Trendschätzung ausgegangen, die auf der mittelfristigen gesamtwirtschaftlichen Zielprojektion basiert, die die Bundesregierung in ihren Jahreswirtschaftsberichten veröffentlicht (90). Diese Zielprojektion ist dadurch charakterisiert, daß sie nicht lediglich eine Wahrscheinlichkeitsprognose, sondern eine Art von politischer Absichtserklärung darstellt: "Die Ergebnisse der mittelfristigen Projektionen in der Bundesrepublik sind dabei einerseits nicht als völlig unverbindliche Orientierungsdaten anzusehen, andererseits handelt es sich aber auch nicht um vollzugsverbindliche Größen, und zwar auf keinen Fall für die private Wirtschaft, aber auch nicht für den Staat. Der Charakter der mittelfristigen Projektionen in der Bundesrepublik besteht vielmehr darin, daß es sich bei ihren Ergebnissen um quantifizierte globale Leitbilder handelt, auf welche sich die Wirtschaftspolitik im großen und ganzen ausrichten soll. Aus diesem Grunde besteht in der Bundesrepublik ... eine starke Wechselwirkung zwischen den Ergebnissen der mittelfristigen Projektionen der allgemeinen Wirtschaftsentwicklung und denjenigen der mehrjährigen Finanzplanung (91).

Die Möglichkeit einer zyklischen Schätzung ist allerdings nicht gar so negativ zu beurteilen, wenn man bedenkt, daß die Zielsetzung der Finanzplanung in haushaltspolitischer Sicht vor allem in der Sicherung eines längerfristigen Haushaltsgleichgewichts besteht. Der Aufgabe der öffentlichen Hand, kurzfristige Schwankungen der allgemeinen wirtschaftlichen Aktivität um den Wachstumstrend, auf dem die Ansätze der Finanzplanung beruhen, abzuschwächen, steht die mittelfristige Finanzplanung nicht entgegen, wenn man diesen Konjunkturausschlägen mit der Konzeption des "cyclical budgeting" (92) begegnet. Diese Konzeption, die in § 6 Abs. 2 StabG eine gesetzliche Fixierung gefunden hat (93), führt dazu, daß während eines Konjunkturzyklus die Einnahmen und Ausgaben grundsätzlich von veranschlagten Werten des Finanzplanes entsprechen, nur eben zeitlich verzerrt durch konjunkturpolitisch erforderliche Straffungen und Streckungen. Im übrigen wird der Finanzplan gemäß § 9 Abs. 3 StabG nach dem Verfahren der gleitenden Planung veränderten Gegebenheiten jährlich angepaßt.

Während die mittelfristige Projektion also zunächst von einer trendmäßigen Entwicklung ausgeht, finden die haushaltswirksamen konjunkturpolitischen Maßnahmen ihren Niederschlag in den jährlichen Haushaltsplänen. Es wäre aber irreal, finanzpolitische Entscheidungen für das Basisjahr und das unmittelbar folgende Jahr, in denen die konjunkturelle Abweichung von der längerfristigen Entwicklungslinie bereits weitgehend bekannt ist bzw. mit einiger Sicherheit prognostiziert werden kann und für die entsprechende Haushaltspläne bereits vorliegen (94), auf der Grundlage eines fiktiven Entwicklungstrends treffen zu wollen. Für die ersten beiden Jahre des fünfjährigen Planungszeitraumes werden die Ansätze der Finanzplanung also den Haushaltsplänen entnommen, so daß eine Schätzung - nota bene Trendschätzung - nur noch für die restlichen drei Jahre durchzuführen ist.

b) Die besondere Problematik mehrjähriger Schätzungen im kommunalen Bereich

Die besondere Problematik längerfristiger Einnahmeschätzungen gerade im kommunalen Bereich ergibt sich daraus, daß das Aufkommen der wichtigsten Einnahmen des kommunalen Finanzsystems von exogenen Faktoren - Umständen also, auf die die Gemeinde nicht einwirken kann - beeinflußt wird. Bereits bei der Vorausschätzung der Gewerbesteuer (95) für den Haushaltsplan wurde deutlich, daß die Entwicklung des Aufkommens von einer Reihe exogener Faktoren, die dem politischen Aktionsbereich des Staates entstammen, so z.B. der Wirtschafts- und Steuerpolitik (96), weitgehend determiniert wird. Während aber die Entscheidungen des Landes- und Bundesparlaments, die im nächsten Jahr finanzwirksam werden, bei der Erstellung des Haushaltsplanentwurfs bereits getroffen oder zumindest in der Tendenz weitgehend erkennbar sind, müßte ein Kämmerer mit prophetischen Gaben gesegnet sein, wollte er alle staatlichen Beschlüsse z.B. über Höhe und Ausgestaltung bestimmter Zweckzuweisungen für einen Zeitraum von fünf Jahren voraussagen. Außerdem können Faktoren, die kurzfristig unverändert bleiben, wie etwa das Steuerrecht, in einigen Jahren durchaus einer Revision unterzogen werden, ganz abgesehen von solch einschneidenden Umwälzungen wie einer Finanzreform. Daraus folgt, daß die politische Determinante, die bei der Veranschlagung der Einnahmen im Haushaltsplan grundsätzlich konstant bzw. bekannt war, bei einer längerfristigen Einnahmeschätzung gerade im kommunalen Bereich, dessen Finanzlage so stark von staatlichen Entscheidungen abhängig ist, erheblich an Bedeutung gewinnt.

Das Dilemma der längerfristigen Einnahmeschätzung im kommunalen Bereich besteht also in dem Mangel an Informationen über das zukünftige Verhalten von Land und Bund, das sich direkt oder indirekt auf die Entwicklung der Deckungsmittel in der Gemeinde auswirkt. "Für die kommunalen Haushalte ist die Schätzung der Einnahmenhöhe ... deutlich unsicherer als für die staatlichen Haushalte, da sie neben den eigenen Einnahmen zusätzlich von den staatlichen Einnahmen und von der Höhe der staatlichen Zuweisungen" (97) und - wie hinzugefügt werden muß - indirekt von weiteren staatlichen Maßnahmen abhängt (98). Die Gemeinde muß also die Möglichkeit haben, sich Informationen über diese staatlichen Einflußfaktoren zu beschaffen, wenn die Einnahmeschätzung die Genauigkeit erreichen soll, die eine Finanzplanung zur Erfüllung ihrer Aufgaben unbedingt benötigt (99). Dies leitet über zu einem weiteren Problem, das es zu lösen gilt, wenn die kommunale Finanzplanung eines ihrer Ziele, nämlich Teil eines aussagefähigen Gesamtplan der öffentlichen Hand zu sein, erfüllen soll.

c) Die Koordinierung der Finanzplanungen (100)

In einem föderativen Staat vollzieht sich die politische Willensbildung auf mehreren Ebenen: beim Bund, bei den Ländern und den Gemeinden. Ist das Volumen der finanzwirtschaftlichen Tätigkeit bei Ländern und Gemeinden gegenüber derjenigen des Bundes von erheblicher Bedeutung und hat der öffentliche Sektor einen derartigen Umfang angenommen, daß von ihm ein erheblicher Einfluß auf die wirtschaftliche Aktivität ausgeht - beides gilt für die Bundesrepublik -, so ist die Erstellung eines Gesamtfinanzplanes aller drei Ebenen für die Verwirklichung gesamtwirtschaftlicher Zielsetzungen, die ein gleichgerichtetes Verhalten erfordert, unerläßlich.

Diese Aufgaben kann ein Gesamtfinanzplan jedoch nicht in ausreichendem Maße verwirklichen, wenn jede Gebietskörperschaft isoliert für sich ihre Finanzplanung aufstellt und anschließend diese Finanzpläne - gleiche Planungssystematik vorausgesetzt - lediglich addiert werden. "Die Sicherung der Ordnung der öffentlichen Finanzen und eine Beurteilung der Wirkungen und des Einflusses der Finanzwirtschaft auf den gesamten Wirtschaftsablauf und damit auch eine auf der gesamtwirtschaftlichen Zielprojektion beruhende angemessene und erfolgreiche Finanzpolitik machen es erforderlich, daß das Verhalten aller öffentlichen Hände bei der Gestaltung ihrer Haushaltswirtschaft aufeinander abgestimmt wird. Eine Koordinierung der Finanzplanungen von Bund, Ländern und auch der Gemeinden und Gemeindeverbände ist daher notwendig, wenn die durch das Stabilitäts- und Wachstumsgesetzt formulierten gesamtwirtschaftlichen Zielsetzungen mit Hilfe der Finanzpolitik erreicht werden sollen" (101).

Auf die Einnahmeschätzung transponiert folgt daraus, daß "alle beteiligten Hoheitsverwaltungen ihren Berechnungen und Schätzungen einheitliche Maßstäbe, Tatbestände und Prämissen zugrunde legen" (102) müssen. Die Einsicht in die Notwendigkeit einer derartigen Konsistenz aller Finanzplanungen hat zu der Einrichtung des Finanzplanungsrates geführt, dem verschiedene Ausschüsse - so auch der Arbeitskreis "Steuerschätzungen" - zuarbeiten. Der Finanzplanungsrat soll gemäß § 51 Abs. 2 HGrG "Empfehlungen für eine Koordinierung der Finanzplanungen des Bundes, der Länder und der Gemeinden und Gemeindeverbände" geben und u. a. "einheitliche volks- und finanzwirtschaftliche Annahmen für die Finanzplanungen" ermitteln. Weiterhin sollen Bund und Länder "durch ihre für die Finanzen zuständigen Minister dem Finanzplanungsrat die Auskünfte, die dieser zur Wahrnehmung seiner Aufgaben benötigt", erteilen (§ 52 Abs. 1 Satz 1 HGrG).

Sollen die kommunalen Finanzplanungen mithin Teil eines Gesamtfinanzplanes werden, der dem Konsistenzerfordernis Rechnung trägt, dann muß die Kommunikation innerhalb des Finanzplanungsrates wesentlich intensiviert werden, da ja gerade die Einnahmen der Gemeinden in besonders starkem Maße durch staatliche Einflußfaktoren determiniert werden (103). Für die mehrjährige Vorausschätzung des Gewerbesteueraufkommens müssen also z.B. einheitliche Annahmen über die gesamtwirtschaftliche Entwicklung zugrunde gelegt und die Gemeinden über evtl. geplante Steuerrechtsänderungen durch den Staat informiert werden. Zur Veranschlagung der Schlüsselzuweisungen benötigen die Gemeinden u. a. Informationen über die geplante Höhe der Verbundsätze und die vom Land geschätzte Entwicklung der Verbundmasse im Prognosezeitraum.

Aus diesen Beispielen dürfte deutlich geworden sein, daß "ein Mindestmaß haushaltspolitischer Koordination der öffentlichen Hoheitsträger" (104) erforderlich ist, um die Konsistenz aller Finanzplanungen zu sichern bzw. den Gemeinden überhaupt erst eine fundierte Finanzplanung zu ermöglichen.

## 2. Die mehrjährige Vorausschätzung des Gewerbesteueraufkommens

Für die mehrjährige Vorausschätzung des Gewerbesteueraufkommens ist grundsätzlich dasselbe Verfahren anwendbar, das bereits bei der Haushaltsplanung benutzt wurde. Es ergeben sich allerdings einige Abweichungen durch den Trendcharakter der mittelfristigen Schätzung, auf die im folgenden einzugehen sein wird. Selbst unter Berücksichtigung der eingeschränkten Zielsetzung einer Trendschätzung und einer eventuellen Aktivierung des Finanzplanungsrats zur Steigerung der Transparenz der geplanten finanzpolitischen Maßnahmen des Staates im Prognosezeitraum wird eine mehrjährige Einnahmeschätzung immer mit größeren Ungewißheiten belastet sein als eine kurzfristige Schätzung. Die Relationen, die aus den Quellenstatistiken der Vergangenheit abgeleitet werden und auch die Basis einer mittelfristigen Schätzung sein müssen, dürfen deshalb keinesfalls mechanisch übernommen werden, sondern sind im Gegenteil um so intensiver auf mögliche Änderungen in der Planungsperiode zu untersuchen.

a) Die Prognose des Veranlagungsvolumens der "Trendjahre"

Während die Ansätze für die ersten beiden Jahre des Planungszeitraumes den zyklisch geschätzten Haushaltsplänen entnommen werden, muß für die letzten drei Jahre eine Trendschätzung vorgenommen werden. Um im Beispiel zu bleiben: mit dem Haushaltsplan 1970 ist die mittelfristige Finanzplanung für die Jahre 1969 bis 1973 vorzulegen. Es werden also für die Jahre 1969 und 1970 die Gewerbesteueransätze des Haushaltsplanes bzw. Haushaltsplanentwurfs übernommen, während für die Jahre 1971 bis 1973 eine eigenständige Vorausschätzung erforderlich ist. Es müssen mithin für diese "Trendjahre" zunächst die Veranlagungsvolumina geschätzt werden.

Die Prognose der Veranlagungsvolumina wird auch hier mit Hilfe der "ex-ante-Quellenstatistiken" durchgeführt. Ausgangspunkt hierfür sind Informationen über die wahrscheinliche gesamtwirtschaftliche Entwicklung in der Planungsperiode. Dabei kann - auch zum Zwecke der Konsistenz aller öffentlichen Planungen - die mittelfristige Zielprojektion des Bundesministeriums für Wirtschaft zugrunde gelegt werden, aus der der projektierte Wachstumstrend - ausgedrückt durch die jahresdurchschnittlichen Veränderungen des Bruttoinlandsproduktes in v.H. - abgelesen werden kann. Auf diesen Daten und den gleichfalls projektierten Verwendungsaggregaten des Sozialprodukts basieren auch die Schätzungen des Arbeitskreises "Steuerschätzungen", so daß die Ergebnisse der mittelfristigen Branchenprojektion des RWI - also die geschätzte jahresdurchschnittliche Veränderung der Beiträge der einzelnen Wirtschaftszweige zum Bruttoinlandsprodukt in v.H. im Prognosezeitraum - wiederum in die Quellenstatistiken übernommen werden können. Informationen über die voraussichtliche Entwicklung der Einkommen aus Unternehmertätigkeit und Vermögen werden für eine Trendschätzung nicht benötigt, da der "Lohn-lag" konjunkturelle Schwankungen zur Ursache hat, die bei einer Trendschätzung ex definitione nicht berücksichtigt werden. Somit kann der analytisch ermittelte "Ertragskoeffizient" direkt auf die projektierten Veränderungsraten der Beiträge der Wirtschaftszweige zum Bruttoinlandsprodukt angewendet werden, und auch die voraussichtlichen Gewinne aus Gewerbebetrieb lassen sich in einem Schritt ableiten.

Im weiteren Verlauf entspricht das Verfahren zur Vorausschätzung der drei Veranlagungsvolumina dem der kurzfristigen Schätzung. Es sei aber nochmals darauf hingewiesen, daß die aus früheren Beziehungszusammenhängen abgeleiteten Relationen nicht einfach unkritisch für die Schätzung übernommen werden dürfen, sondern, falls Informationen oder begründete Vermutungen über Strukturveränderungen im Prognosezeitraum vorliegen, entsprechend anzupassen sind.

b) Die Ableitung des Gewerbesteueraufkommens aus den Veranlagungsvolumina

Aus den für die mittelfristige Finanzplanung und z.T. den für die Haushaltsplanung vorausgeschätzten Veranlagungsvolumina ist abschließend das Aufkommen der zahlungstechnischen Komponenten und damit das Gewerbesteueraufkommen der drei Planungsjahre abzuleiten. Dabei braucht das recht differenzierte Verfahren, das der Haushaltsplanung zugrunde lag, nicht übernommen zu werden, da es sich hier lediglich um eine Trendschätzung handelt, mithin der Genauigkeitsgrad der Verteilung des Aufkommens auf die einzelnen Rechnungsjahre schon vom Ansatz her nicht so groß sein kann wie bei der Haushaltsplanung. Für die Vorausschätzung des Aufkommens an Abschlußzahlungen und Zahlungen aus Veranlagungsberichtigungen dürfte es vielmehr genügen, wenn der Kämmerer durch Kontaktaufnahme mit dem zuständigen Finanzamt Informationen über mögliche Änderungen des zeitlichen Verlaufs der steuerlichen Erhebungsarbeiten während der Planungsjahre - z.B. durch Automatisierung bestimmter Arbeitsabläufe - einholt. Anschließend ist dann eine Gewichtung dieser zahlungstechnischen Komponenten unter Berücksichtigung von Erfahrungswerten vorzunehmen. Wenn also z.B. bisher etwa 15 v.H. des Veranlagungsvolumens eines Erhebungsjahres - bei "normaler" konjunktureller Entwicklung, also einer Veränderung des Sozialprodukts etwa gemäß dem Wachstumstrend - im übernächsten Rechnungsjahr als Abschlußzahlungen aus der Basisveranlagung aufkamen, dann reicht es für eine Trendschätzung aus, bei unverändertem Ablauf der Veranlagungsarbeiten des Finanzamtes diesen Wert auch für die Zukunft zu unterstellen.

Etwas differenzierter ist infolge ihrer fiskalischen Bedeutung bei der Ableitung der Vorauszahlungen vorzugehen. Zunächst muß das Volumen der "letzten Veranlagung" im Sinne des § 19 Abs. 2 GewStG ermittelt werden; hierfür werden ebenfalls die Informationen über den wahrscheinlichen zeitlichen Ablauf der steuerlichen Erhebungsarbeiten benötigt. Aus der Differenz zwischen den vorausgeschätzten Veranlagungsvolumina der Planungsjahre und den Volumina der "letzten Veranlagungen" ergibt sich dann das wahrscheinliche Anpassungspotential dieser drei Jahre. Es bleibt abschließend zu untersuchen, inwieweit dieses Potential ausgeschöpft wird. Dabei kann von Erfahrungswerten ausgegangen werden, wobei allerdings zu berücksichtigen ist, daß ein trendmäßiges Wachstum der Wirtschaft unterstellt wurde. Dieses Ergebnis ist dann noch um die Auswirkungen gemeindespezifischer fiskalpolitischer Strategien - etwa eines grundsätzlichen Verzichts auf eine Anpassung der Vorauszahlungen an steigende Erträge - zu korrigieren.

Es zeigt sich also, daß die Schwäche einer längerfristigen Gewerbesteuerschätzung - neben der allgemeinen Ungewißheit über die Entwicklung der Planungsgrundlagen - darin begründet ist, daß der Konjunkturverlauf mittelfristig nicht fundiert prognostiziert werden kann und damit zumindest (105) eine halbwegs exakte Zurechnung des Gewerbesteueraufkommens im Prognosezeitraum auf die einzelnen Planungsjahre nicht möglich ist. Betrachtet man aber als Ziel der mittelfristigen Finanzplanung - speziell unter dem Aspekt der Einnahmeschätzung - nicht die Ermittlung mehr oder weniger wahrscheinlicher Ansätze dreier zukünftiger Haushaltspläne - für die ersten beiden Planungsjahre werden ja die Haushaltsplanansätze ohnehin rezipiert -, sondern die Sicherung eines längerfristigen Haushaltsgleichgewichts, so relativiert sich dieser Mangel, zumal die Finanzplanung die konjunkturpolitischen Aufgaben des Haushaltsplans nach übereinstimmender Auffassung weder übernehmen kann noch übernehmen soll.

## Zweiter Abschnitt

## Die Vorausschätzung der Finanzzuweisungen

Die Vorausschätzung der staatlichen Finanzzuweisungen wird allgemein als größtes Problem der kommunalen Haushalts- und Finanzplanung angesehen, da ihr Umfang wesentlich von politischen Entscheidungen auf der staatlichen Ebene abhängt und ihre technische Ausgestaltung zudem von einer solchen Komplexität ist, daß sie gelegentlich als "Geheimwissenschaft" bezeichnet wurde, die allenfalls von einigen Experten in den Finanzministerien durchschaut wird. Diese Schwierigkeiten führen in der kommunalen Verwaltungspraxis dazu, daß die Ansätze der staatlichen Finanztransfers für die Haushaltsplanung allgemein "über den Daumen gepeilt" werden, indem entweder die Planansätze des Vorjahres übernommen oder einfache Trendextrapolationen durchgeführt werden.

Zu diesem resignierenden Verhalten besteht aber - zumindest bei der Vorausschätzung der allgemeinen Finanzzuweisungen - kein Anlaß, da sich der Kämmerer während der Arbeiten am Haushaltsplanentwurf durchaus bereits Informationen über die Grundzüge des Finanzausgleichs im folgenden Jahr beschaffen kann. "Der wohlunterrichtete Kämmerer kennt auch schon vor Verkündung des Finanzausgleichsgesetzes seinen Inhalt, soweit er nennenswerte Auswirkungen auf die Finanzwirtschaft seiner Gemeinde hervorzurufen verspricht. Im übrigen ist die Einnahmeseite des ordentlichen Haushaltsplans ihrer Natur nach eine hauptsächlich auf Schätzungen beruhende Vorschau auf das kommende Haushaltsjahr, so daß die Finanzzuweisungen des Landes, wenn das Finanzausgleichsgesetz noch nicht vorliegt, nicht im Wege der Berechnung ermittelt zu werden brauchen; es genügt eine vernünftige Schätzung" (106). Um dieses formal-rechtliche Rezept materiell anwendbar zu machen, sind Verfahren einer "vernünftigen Schätzung", die aus einem bestimmten Informationsstand einen möglichst exakten Planansatz ableiten, zu erarbeiten.

Der kommunale Finanzausgleich fällt grundsätzlich in den alleinigen Verantwortungs- und Zuständigkeitsbereich der Länder. Die kommunale Finanzausgleichsmasse wird in jedem Gliedstaat gesondert für die Gemeinden dieses Landes gebildet. Es gibt generell keine direkten finanziellen Beziehungen zwischen dem staatlichen Oberverband und den Gemeinden, so groß die von der Gesetzgebung des Bundes ausgehenden indirekten Wirkungen auf die kommunale Finanzlage auch sind, es sei denn, der Bund veranlaßt in einzelnen Gemeinden besondere Einrichtungen, die diesen Gemeinden unmittelbare und unzumutbare Sonderbelastungen verursachen (Art. 106 Abs. 8 GG).

Eine weitere "Grundtatsache des vertikalen kommunalen Finanzausgleichs in der Bundesrepublik" (107) ist mit der Verpflichtung der Länder zum Steuerverbund im Hinblick auf ihre mit Abstand wichtigsten Steuerquellen gegeben: "Von dem Länderanteil am Gesamtaufkommen der Gemeinschaftsteuern fließt den Gemeinden und Gemeindeverbänden insgesamt ein von der Landesgesetzgebung zu bestimmender Hundertsatz zu" (Art. 106 Abs. 7 Satz 1 GG).

Die vielfältigen Möglichkeiten, diesen durch die Finanzverfassung gesetzten Rahmen für den kommunalen Finanzausgleich nach eigenen Vorstellungen auszufüllen, haben Regierungen und Parlamente der Gliedstaaten voll genutzt, wie die seit Einführung des Steuerverbundes entstandene Uneinheitlichkeit der Länderregelungen zeigt. Da die unterschiedliche technische Ausgestaltung des Finanzausgleichs aber auch unterschiedliche Schätzungsverfahren bedingt, wobei hier nur der kommunale Finanzausgleich im Lande Nordrhein-Westfalen analysiert werden soll, sind die zu entwickelnden Schätzungsverfahren uneingeschränkt nur in diesem Land anzuwenden. Das bedeutet aber nicht, daß diese Verfahren für die übrigen Bundesländer uninteressant wären; sie müssen aber durch entsprechende Modifikationen den Besonderheiten der technischen Ausgestaltung in diesen Ländern angepaßt werden, um auch hier anwendbar zu sein.

Im kommunalen Finanzausgleich ist zwischen allgemeinen und zweckgebundenen Finanzzuweisungen (Zweckzuweisungen) zu unterscheiden. Während die allgemeinen Finanzzuweisungen der Verstärkung einer unzureichenden Steuerkraft dienen sollen, liegt der Sinn der Zweckzuweisungen in der Kostenbeteiligung des Staates an speziellen Aufgaben, deren Ausführung zwar in die Hände der Gemeinden gelegt, deren Berechtigung aber nicht nur aus spezifisch kommunalen Bedürfnissen, sondern ebensosehr aus staats- und verwaltungspolitischen Notwendigkeiten abgeleitet wird (108). Zweckzuwendungen unterliegen als Kostenbeteiligungen des Staates demnach - im Gegensatz zu allgemeinen Finanzzuweisungen, die zu den allgemeinen Deckungsmitteln der Gemeinden zählen - immer der sog. Appropriationsklausel, d.h. sie dürfen nur für den vorgesehenen speziellen Zweck verwendet werden. Aus den unterschiedlichen Verteilungskriterien der beiden Zuweisungsarten ergeben sich auch abweichende Schätzungsprobleme, so daß zunächst nur auf die Vorausschätzung der allgemeinen Finanzzuweisungen und erst daran anschließend auf die Zweckzuweisungen eingegangen werden soll.

## I. Die Vorausschätzung der allgemeinen Finanzzuweisungen

Der kommunale Finanzausgleich "ist ... nicht nur kompliziert, sondern vor allem auch komplex, verschachtelt, ja verfilzt" (109). Um die Determinanten des Aufkommens an allgemeinen Finanzzuweisungen ableiten und damit die Grundlagen für analytische Schätzungsverfahren schaffen zu können, muß deshalb zuerst die Technik des Finanzausgleichs, hier also das System der allgemeinen Finanzzuweisungen, dargestellt werden. Dabei wird das nordrhein-westfälische Finanzausgleichsgesetzt für das Jahr 1970 (FAG NW 1970) (110) zugrunde gelegt, das erstmals die Auswirkungen des Gemeindefinanzreformgesetzes berücksichtigt.

## A Das System der allgemeinen Finanzzuweisungen (111)

Die Gestaltung des vertikalen kommunalen Finanzausgleichs und damit auch des Systems der allgemeinen Finanzzuweisungen zerfällt in zwei getrennte Aufgaben. Einmal geht es um die Bildung der Finanzausgleichsmasse und ihre Aufteilung in Teilmassen, zum anderen um die Verteilung der Ausgleichsmasse(n) auf die einzelnen kommunalen Gebietskörperschaften.

### 1. Bildung und Verwendung der kommunalen Finanzausgleichsmasse

Der in der Finanzverfassung vorgeschriebene Steuerverbund zwischen den Ländern und ihren Gemeinden ist auf den Landesanteil am Aufkommen der Gemeinschaftsteuern, also der Einkommen-, Körperschaft- und Umsatzsteuer beschränkt. Es bleibt ausdrücklich der Landesgesetzgebung vorbehalten, "ob und inwieweit das Aufkommen der Landessteuern den Gemeinden (Gemeindeverbänden) zufließt" (Art. 106 Abs. 7 Satz 2 GG).

Vom Jahre 1970 ab beschränkt sich der Steuerverbund in Nordrhein-Westfalen auf die genannten Gemeinschaftsteuern. Außerdem wird der Anteil des Landes an der von den Gemeinden abzuführenden Gewerbesteuerumlage hinzugerechnet. Diese Steuereinnahmen erhöhen oder ermäßigen sich um den Betrag, den das Land im Finanzausgleich unter den Ländern erhält oder zu entrichten hat. Der Anteil der Gemeinden (Gv) an der Verbundmasse wird dann durch die Anwendung des Verbundsatzes, der im FAG NW 1970 mit 27,5 v.H. festgelegt wurde, auf die Ansätze der Verbundsteuern im Haushaltsplan des Landes errechnet. Dabei ist zu beachten, daß der Ausgleich nach dem tatsächlichen Ergebnis des Rechnungsjahres spätestens im übernächsten Rechnungsjahr vorzunehmen ist. Die nach diesem Verfahren ermittelte Finanzausgleichsmasse aus dem Steuerverbund betrug im Jahre 1970    3.301 Millionen DM.

Dieses Aufkommen wurde allerdings nicht nur für allgemeine Finanzzuweisungen, sondern auch für zweckgebundene Zuweisungen zu städtebaulichen Maßnahmen sowie zu den Kosten der Auftragsverwaltung des Schulbauprogramms und der Gesundheitsämter verwendet. Die Mittel des Steuerverbundes wurden gemäß § 3 Abs. 1 FAG NW 1970 wie folgt aufgeteilt:

1. Allgemeine Finanzzuweisungen

| | | |
|---|---|---|
| 1.1 | Für Schlüsselzuweisungen an die Gemeinden | 1.495.282.000 DM |
| 1.2 | Für Schlüsselzuweisungen an die Kreise | 257.442.000 DM |
| 1.3 | Für Schlüsselzuweisungen an die Landschaftsverbände | 214.815.000 DM |
| 1.4 | Für einen Ausgleichsstock für die Gemeinden und Kreise | 89.450.000 DM |
| | Summe der allgemeinen Finanzzuweisungen | 2.056.989.000 DM |

2. Zweckgebundene Finanzzuweisungen (112)

| | | |
|---|---|---|
| 2.1 | Für städtebauliche Maßnahmen einschl. Planungszuschüsse, Ausstellungen und Veröffentlichungen | 305.000.000 DM |
| 2.2 | Für Zuschüsse zu den Kosten der Auftragsaufgaben und Pflichtaufgaben zur Erfüllung nach Weisung | 476.911.000 DM |
| 2.3 | Für das Schulbauprogramm | 459.000.000 DM |
| 2.4 | Für Gesundheitsämter | 3.100.000 DM |
| | Summe der zweckgebundenen Zuweisungen | 1.244.011.000 DM |

Die Mittel des Steuerverbundes entfallen also im Jahr 1970 nur zu etwa 62,3 v.H. auf allgemeine Finanzzuweisungen und lediglich zu 45,3 v.H. auf deren bedeutendste Zuweisungsort, auf die Schlüsselzuweisungen an die Gemeinden. Die Bedarfszuweisungen aus Mitteln des Ausgleichsstocks, die der außergewöhnlichen Lage und den besonderen Aufgaben von Gemeinden und Kreisen im Einzelfall Rechnung tragen und insbesondere auch zum Ausgleich von Härten, die sich bei der Durchführung des Finanzausgleichs ergeben, gewährt werden sollen, werden infolge ihrer geringen Bedeutung und ihrer speziellen Zuweisungsbedingungen, die eher an zweckgebundene als an allgemeine Finanzzuweisungen erinnern (113), hier nicht berücksichtigt. Im folgenden sind deshalb ausschließlich Verfahren zur Vorausschätzung des Aufkommens an Schlüsselzuweisungen durch die Gemeinden zu erörtern. Das setzt aber voraus, daß die Technik der Verteilung der Schlüsselmasse auf die einzelnen Gemeinden zuvor analysiert wird.

2. Die Verteilung der Schlüsselmasse auf die Gemeinden

Da die Schlüsselzuweisungen den Gemeinden nicht zur Finanzierung bestimmter Aufgaben, sondern als allgemeine Deckungsmittel zur Erfüllung des gesamten gemeindeeigenen Leistungsbereichs zufließen, entsteht die Notwendigkeit, sie auf Grund eines allgemeinen Verteilungsmaßstabes ("Schlüssel") den einzelnen Gemeinden zukommen zu lassen. In Nordrhein-Westfalen wird der sog. "Schlüssel der mangelnden Steuerkraft" benutzt, der in seinen Grundzügen noch auf dem von Popitz inspirierten Verteilungsverfahren des preußischen Finanzausgleichsgesetzes von 1938 beruht (114). Bei diesem Verteilungsverfahren werden für jede Gemeinde gesondert der "Finanzbedarf" und die Steuerkraft festgestellt. Der quantitative Ausdruck für die Steuerkraft ist die Steuerkraftmeßzahl, derjenige für den "Finanzbedarf" ist die Ausgangsmeßzahl. Ist die Ausgangsmeßzahl einer Gemeinde höher als ihre Steuerkraftmeßzahl, wird die Differenz zur Hälfte durch eine Schlüsselzuweisung ausgeglichen. Die Gemeinde erhält aber wenigstens so viel als Schlüsselzuweisung, daß diese zusammen mit der Steuerkraftmeßzahl 90 v.H. der Ausgangsmeßzahl erreicht (sog. Sockelgarantie).

Die Ausgangsmeßzahl ergibt sich aus der Multiplikation des Gesamtansatzes mit dem Grundbetrag. Der Gesamtansatz ist eine Punktzahl, die Ausdruck des normalisierten strukturbedingten Bedarfs einer Gemeinde sein soll. Als wichtigstes Merkmal für den Bedarf der einzelnen Gemeinde gilt ihre Einwohnerzahl. Jeder Gemeindeeinwohner bildet quasi einen Bedarfspunkt. Da der kommunale Finanzbedarf gemäß dem Brechtschen Gesetz (115) mit steigender Einwohnerzahl überproportional zunimmt, wird diese Einwohnerzahl und damit die Summe der der einzelnen Gemeinde zugerechneten Bedarfspunkte mit wachsender Gemeindegröße künstlich erhöht ("veredelt"), indem die effektive Gemeindeeinwohnerzahl bei steigender Gemeindegröße mit einem immer höheren Prozentsatz angesetzt wird. Die Staffelung hat im FAG NW 1970 eine Spannweite von 100 v.H. bis 130 v.H., und zwar werden alle Gemeinden mit nicht mehr als 5.000 Einwohnern mit 100 v.H. ihrer Einwohnerzahl berücksichtigt, alle Gemeinden mit 500.000 Einwohnern und mehr mit 130 v.H.; für Gemeinden mit dazwischen liegenden Einwohnerzahlen gelten entsprechende in § 5 FAG NW aufgeführte v.H.-Sätze.

Dieser sog. Hauptansatz wird durch bestimmte Nebenansätze modifiziert. Damit sollen die in Gemeinden unabhängig von ihrer Größe auftretenden strukturellen Bedarfsunterschiede zum Ausdruck gebracht werden. Technisch geschieht dies dadurch, daß einer Gemeinde bei Vorliegen bestimmter Kriterien über den Hauptansatz hinaus eine bestimmte Belastungspunktzahl (fiktive Einwohnerzahl) zugerechnet wird. Hier ist vor allem der Schüleransatz zu nennen. Der Schüler wird als Einwohner beim Hauptansatz seiner Wohngemeinde wie jeder andere Einwohner normal gewertet. Zusätzlich wird er aber zum Hauptansatz der Schulträgergemeinde nach einer für die einzelnen Schulformen unterschiedlichen Gewichtung, die auf einer Repräsentativermittlung des Innenministers beruht, hinzugezählt. Von der sich danach ergebenden Zahl werden bei den Gemeinden 90 v.H. dem Hauptansatz zugerechnet, da der Bedarf eines Grundschülers 90 v.H. des Zuschußbedarfs eines Einwohners in der Größenklasse bis 5.000 Einwohner betragen soll.

Die weiteren Nebenansätze sind der Grenzland- und der Bäderansatz. Der Grenzlandansatz wird den Gemeinden, die infolge ihrer Grenznähe eine geringere Chance für ihre industrielle Entwicklung haben, in einer Höhe von 10 v.H. des Hauptansatzes gewährt. Der Bäderansatz für Gemeinden, die als Heilbäder anerkannt sind, erhöht die dem Hauptansatz zugrunde zu legende Einwohnerzahl für je 300 Übernachtungen um einen Einwohner, soweit diese Erhöhung 1 v.H. der Einwohnerzahl übersteigt.

Die Gesamtpunktzahl (Gesamtansatz) wird nun mit einem für alle Gemeinden Nordrhein-Westfalens einheitlichen DM-Betrag, dem sog. Grundbetrag, vervielfacht, um die Ausgangsmeßzahl zu erhalten. Der Grundbetrag hat die Aufgabe, die Ausgangsmeßzahlen der einzelnen Gemeinden auf diejenige Höhe zu bringen, bei der die vom Land bereitgestellten Schlüsselmittel bei einem Ausgleich von 50 v.H. des Unterschiedes zwischen Ausgangsmeßzahl und Steuerkraftmeßzahl aufgezehrt werden.

Da die Schlüsselzuweisung bei denjenigen Gemeinden, deren Ausgangsmeßzahl ihre Steuerkraftmeßzahl übersteigt, die bestehende Lücke zur Hälfte ausgleichen soll, muß die halbe Differenz zwischen der Summe aller Ausgangsmeßzahlen (A) und der Summe aller Steuerkraftmeßzahlen (St) der am Finanzausgleich teilnehmenden Gemeinden gleich der für Schlüsselzuweisungen zur Verfügung stehenden Schlüsselmasse (M) sein. Es gilt also die Gleichung:

$$(1) \quad M = \frac{A - St}{2}$$

Von diesen Größen sind vor Errechnung des Grundbetrages die Schlüsselmasse (M) sowie die Summe der Steuerkraftmeßzahlen (St) bekannt. Von der Summe der Ausgangsmeßzahlen (A) ist dagegen nur ein Faktor, nämlich die Summe der Gesamtansätze (E), bekannt Unbekannt ist dagegen der je Bedarfspunkt des Gesamtansatzes anzusetzende Grundbetrag (G). Dieser wird nun so berechnet, daß die obige Gleichung (1) erfüllt ist (116). Es gilt also:

$$(2) \quad A = G \times E = St + 2\,M$$

$$(3) \quad G = \frac{St + 2\,M}{E}$$

Aus dieser Gleichung ist ersichtlich, daß der Grundbetrag und damit der jeder einzelnen Gemeinde im kommunalen Finanzausgleich zugerechnete Finanzbedarf eine Funktion der Summe der Steuerkraftmeßzahlen, der Summe der Gesamtansätze und der vorhandenen Schlüsselmasse ist. Steigt (fällt) die Summe der Steuerkraftmeßzahlen und/oder die zur Verfügung stehende Schlüsselmasse, so steigt (fällt) auch der Grundbetrag und damit der jeder einzelnen Gemeinde angerechnete Bedarfsbetrag je Bedarfspunkt.

Dieser Ausgangsmeßzahl wird die Steuerkraftmeßzahl einer Gemeinde gegenübergestellt, deren Berechnung bisher auf einer bestimmten Gewichtung der Grundsteuermeßbeträge und der Einnahmen aus der Gewerbesteuer nach Ertrag und Kapital beruhte. Im Anschluß an die Gemeindefinanzreform hat das FAG NW 1970 die Steuerkraftmeßzahl um den Gemeindeanteil an der Einkommensteuer erhöht und um die Gewerbesteuerumlage ermäßigt. Dabei werden die Gewerbesteuerumlage voll, die Gewerbesteuer, Grundsteuer und der Gemeindeanteil an der Einkommensteuer mit 90 v.H. angesetzt. Bei der Gewerbesteuer und der Gewerbesteuerumlage geht man vom Hebesatz für das Kalenderjahr 1969 und dem Ist-Aufkommen in der Zeit vom 1. Oktober 1968 bis 30. September 1969 aus; bei der Grundsteuer werden die Hebesätze und die angeschriebenen Grundsteuermeßbeträge des Jahres 1969 und beim Anteil an der Einkommensteuer das im Lande vereinnahmte Aufkommen in der Zeit vom 1. Oktober 1968 bis zum 30. September 1969 zugrunde gelegt (117).

Nachdem die Technik in ihren Grundzügen aufgezeigt wurde, soll nun an einem konkreten Beispiel die Berechnung der Schlüsselzuweisungen veranschaulicht werden.

Dem Beispiel liegen folgende Daten zugrunde:

Gemeinde X: 60.000 Einwohner

Schülerzahlen:

| | |
|---|---|
| a) Grundschulen und noch nicht gegliederte Volksschulen | 4 000 Schüler |
| b) Hauptschulen | 2 000 " |

| | | |
|---|---|---|
| c) | Sonderschulen | 500 Schüler |
| d) | Realschulen | 2 000 " |
| e) | Gymnasien | 3 000 " |
| f) | Berufsschulen | 3 000 " |
| g) | Berufsfachschulen und Fachschulen | 500 " |

Keine Grenzlandgemeinde
Kein Heilbad

| | |
|---|---|
| Meßbeträge Grundsteuer A in 1969 | 20 000 DM |
| Meßbeträge Grundsteuer B in 1969 | 500 000 DM |
| Hebesatz Grundsteuer A in 1969 | 120 v.H. |
| Hebesatz Grundsteuer B in 1969 | 240 v.H. |
| Gewerbesteuer Ist-Aufkommen in der Zeit vom 1.10.1968 bis 30.9.1969 | 12 000 000 DM |
| Hebesatz der Gewerbesteuer in 1969 | 300 v.H. |

Keine Lohnsummensteuer

| | |
|---|---|
| Anteil der Gemeinde an der in der Zeit vom 1.10.1968 bis 30.9.1969 durch das Land vereinnahmten Einkommensteuer | 6 000 000 DM |

Die Ausgangsmeßzahl und die Steuerkraftmeßzahl der Gemeinde X ergeben sich dann nach den Vorschriften des FAG NW 1970 wie folgt:

Hauptansatz

| | | |
|---|---|---|
| 50 000 | Einwohner | 115 v.H. |
| 100 000 | Einwohner | 120 v.H. |
| 60 000 | Einwohner gem. Interpolation | 116 v.H. |

Einwohnerzahl (60 000) x 1,16 = 69 600
======

Schüleransatz

Als Schülerzahlen werden angesetzt:

| | | | | |
|---|---|---|---|---|
| a) 4 000 | Grundschüler | mit 100 v.H. | = | 4 000 |
| b) 2 000 | Hauptschüler | mit 110 v.H. | = | 2 200 |
| c) 500 | Sonderschüler | mit 161 v.H. | = | 805 |
| d) 2 000 | Realschüler | mit 190 v.H. | = | 3 800 |
| e) 3 000 | Gymnasiasten | mit 273 v.H. | = | 8 190 |
| f) 3 000 | Berufsschüler | mit 73 v.H. | = | 2 190 |
| g) 500 | Fachschüler | mit 369 v.H. | = | 1 845 |
| Gesamtzahl | | | | 23 030 |

| | | |
|---|---|---|
| Der Schüleransatz beträgt 90 v.H. der Schülerzahl | = | 20 727 |
| | | ====== |
| Gesamtansatz mithin | | 90 327 |
| | | ====== |

Die Ausgangsmeßzahl ergibt sich aus der Multiplikation von Gesamtansatz und Grundbetrag.

Der Grundbetrag für die Schlüsselzuweisungen an Gemeinden wurde im Finanzausgleich NW 1970 mit 247, 81 DM errechnet.

Die Ausgangsmeßzahl der Gemeinde X beträgt demnach: 90 327 (Gesamtansatz) x 247, 81 DM (Grundbetrag) = 22 383 933, 87 DM

Steuerkraftmeßzahlen:

| | | | | |
|---|---|---|---|---|
| | bei der Gewerbesteuer | $\frac{12\,000\,000 \times 270}{300}$ | = | 10 800 000 DM |
| + | bei der Grundsteuer A | $\frac{20\,000 \times 108}{120}$ | = | 18 000 DM |
| + | bei der Grundsteuer B | $\frac{500\,000 \times 216}{240}$ | = | 450 000 DM |
| + | bei dem Anteil an der Einkommensteuer | $\frac{6\,000\,000 \times 9}{10}$ | = | 5 400 000 DM |
| ./. | Gewerbesteuerumlage | $\frac{12\,000\,000 \times 120}{300}$ | = | 4 800 000 DM |
| = | Steuerkraftmeßzahl | | | 11 868 000 DM |

| | |
|---|---|
| Die Ausgangsmeßzahl der Gemeinde X beträgt | 22 383 933, 87 DM, |
| die Steuerkraftmeßzahl beträgt | 11 868 000, -- DM, |
| so daß sich eine Differenz von | 10 515 933, 87 DM |
| ergibt. Da die Hälfte des Unterschiedsbetrages ausgeschüttet wird, beträgt die Schlüsselzuweisung | 5 257 966, 94 DM. |

Abschließend ist noch zu prüfen, ob die Gemeinde zusätzliche Mittel aus der sog. Sockelgarantie erhält. Diese Garantie besagt, daß die Gemeinde wenigstens so viel erhält, daß die Schlüsselzuweisung zusammen mit der Steuerkraftmeßzahl 90 v. H. der Ausgangsmeßzahl erreicht (118).

| | |
|---|---|
| Die Gemeinde X hat eine Ausgangsmeßzahl von | 22 383 933, 87 DM; |
| 90 v. H. dieser Ausgangsmeßzahl sind | 20 145 540, 48 DM. |
| Schlüsselzuweisung und Steuerkraftmeßzahl ergeben aber nur eine Summe von | 17 125 966, 94 DM, |
| so daß eine Aufstockung der Schlüsselzuweisung in Höhe von | 3 019 573, 54 DM |
| vorgenommen wird. | |

Die Gemeinde X erhält also nach dem FAG NW 1970 im Jahre 1970 insgesamt einen Betrag von 8 277 540, 48 DM als Schlüsselzuweisung überwiesen.

B Die Determinanten des Aufkommens an Schlüsselzuweisungen

Aus der Darstellung des Zuweisungssystems ist ersichtlich, daß die Einnahmen, die eine Gemeinde im Rahmen des jährlichen Finanzausgleichs an Schlüsselzuweisungen erhält, von einer Vielzahl teilweise recht komplexer Faktoren determiniert werden. Diese Determinanten müssen zunächst untersucht werden, da die zu entwickelnden analytischen Verfahren auf einer Vorausschätzung der einzelnen Aufkommenskomponenten beruhen. Dabei ist die Analyse unter dem Aspekt vorzunehmen, daß bereits Mitte des Jahres das nächstjährige Aufkommen an Schlüsselzuweisungen für den Haushaltsplanentwurf bzw. das Aufkommen in der Planungsperiode für die Fortschreibung des mittelfristigen Finanzplans der Gemeinde geschätzt werden muß.

Die Determinanten lassen sich danach systematisieren, ob sie Entwicklungen auf Landes- oder auf Gemeindeebene widerspiegeln, wobei im kommunalen Bereich noch zwischen Vorgängen beim Planungsträger selbst und bei den übrigen Gemeinden des Landes zu differenzieren ist (vgl. Abb. 4).

Auf der Ebene des Landes sind es drei Faktoren, die die Schlüsselmasse bestimmen, die an die Gemeinden verteilt wird. Infolge des Steuerverbunds zwischen Land und Gemeinden sind zunächst die Einnahmen aus den Verbundsteuern zu nennen. Dabei erweist es sich für die Schätzung als vorteilhaft, daß die Schlüsselmasse nicht nach dem Ergebnis des Rechnungsjahres, sondern nach den Ansätzen im Haushaltsplan des Landes errechnet wird. Eine weitere Determinante ist der Verbundsatz, der in den Finanzausgleichsgesetzen des Landes jährlich neu festgesetzt wird. Durch Anwendung des Verbundsatzes auf die Ansätze der Verbundsteuern ergeben sich die Mittel des Steuerverbundes. Aus der Entscheidung des Gesetzgebers über die Verwendung dieser Mittel für die einzelnen Zuweisungsarten - die dritte Determinante auf Landesebene - resultiert dann der Betrag, der für Schlüsselzuweisungen an die Gemeinden zur Verfügung gestellt wird.

Die Vorausschätzung der Schlüsselmasse bzw. ihrer drei Komponenten erwies sich bis in die jüngste Zeit als nahezu unüberwindliches Hindernis für eine auch nur einigermaßen exakte Veranschlagung der Schlüsselzuweisungen im kommunalen Haushaltsplan, da der Entwurf des Haushaltsplans und damit auch des Finanzausgleichsgesetzes für das folgende Jahr häufig erst Ende des Jahres vorlag. Inzwischen ist es zumindest in Nordrhein-Westfalen üblich geworden, daß der Entwurf des Haushaltsplans vor der Sommerpause des Parlaments fertiggestellt und sein wesentlicher Inhalt - so auch die Regelung des Finanzausgleichs - der Öffentlichkeit bekannt gemacht wird. Der Kämmerer kennt also bereits Mitte des Jahres den Haushaltsplanentwurf des Landes und die darin vorgesehene Schlüsselmasse der Gemeinden und kann diese Information für die Haushaltsplanung der Gemeinde verwerten. Geht man von der naheliegenden Hypothese aus, daß die im Entwurf des Haushaltsplans bzw. des Finanzausgleichsgesetzes vorgesehene Schlüsselmasse der Gemeinde im Gesetzgebungsverfahren keine Änderung erfährt, so kann der Kämmerer bei der Vorausschätzung des Aufkommens an Schlüsselzuweisungen in seiner Gemeinde diese Größe zugrunde legen. Ähnliches gilt für die mittelfristige Finanzplanung, da in der Finanzplanung des Landes Nordrhein-Westfalen für die Jahre 1970

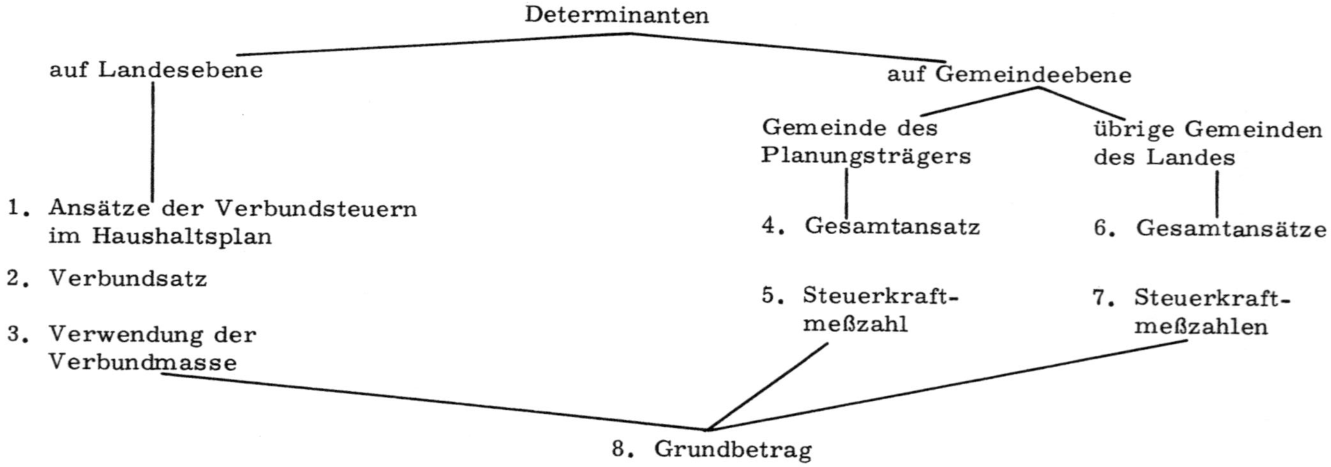


Abb. 4: Die Determinanten des Aufkommens an Schlüsselzuweisungen (Synopsis)

bis 1974 erstmals die Schlüsselzuweisungen an Gemeinden getrennt ausgewiesen wurden (119).

Während sich aus der Entwicklung der Determinanten auf Landesebene die Schlüsselmasse ableiten läßt, bestimmen die Determinanten auf Gemeindeebene den Anteil einer Gemeinde an dieser Schlüsselmasse. Erster Bestimmungsfaktor für diesen Anteil sind die Gesamtansätze (Punktzahlen) in der Gemeinde des Planungsträgers und in den übrigen Gemeinden des Landes, die mit dem Grundbetrag multipliziert die Ausgangsmeßzahlen ergeben. Die einzelnen Ansätze (veredelte Einwohnerzahl bzw. Hauptansatz, Schüleransatz, Grenzlandansatz und Bäderansatz) erfassen bestimmte strukturelle Merkmale der Gemeinden; sie werden deshalb nur längerfristig wesentliche Änderungen aufweisen. Der Sachbearbeiter kann also von einer Konstanz der Gesamtansätze bei seiner Schätzung ausgehen, ohne diese dadurch mit beträchtlicher Unsicherheit zu belasten.

Als zweite Determinante im kommunalen Bereich ist die Entwicklung der Steuerkraftmeßzahlen in der vorausschätzenden und in den übrigen Gemeinden des Landes zu untersuchen; sie ergibt sich aus der Summe der Steuerkraftmeßzahlen der Gewerbesteuer, der Grundsteuer und des Anteils an der Einkommensteuer abzüglich der Steuerkraftmeßzahl der Gewerbesteuerumlage. Dem Kämmerer lagen bei der Schätzung der Gewerbesteuerkraftzahlen z.B. für die Haushaltsplanung 1970 von dem zu berücksichtigenden Gewerbesteueraufkommen aus der Zeit vom 1. Oktober 1968 bis 30. September 1969 die Ergebnisse der ersten drei Quartale in seiner Gemeinde vor. Das Ist-Aufkommen der Monate Juli bis September konnte er relativ genau anhand der Unterlagen für die Gewerbesteuerschätzung prognostizieren. Aus dieser Schätzung läßt sich dann gleichzeitig die Gewerbesteuerumlage ableiten. Für die Meßzahl des Anteils an der Einkommensteuer gilt ähnliches, da hier bis zum 1. August die Zahlungen von drei der vier zu berücksichtigenden Quartale abgewickelt sein müssen (120). Das Ergebnis des letzten Quartals läßt sich auf Grund der bisherigen Entwicklung und des Einkommensteueransatzes im Haushaltsplan des Landes mit einiger Genauigkeit voraussagen. Die Ermittlung der Steuerkraftmeßzahl der Grundsteuern schließlich ist wenig problematisch, da die Steuermeßbeträge jeweils erst zu Beginn des folgenden Jahres geänderten Verhältnissen steuerwirksam angepaßt werden. Im Beispiel der Haushaltsplanung für das Jahr 1970 wird die Steuerkraftmeßzahl also aus den zum 1.1.1969 ermittelten Grundsteuermeßbeträgen entwickelt.

Weitaus größere Schwierigkeiten bereitet es, ein genaues Bild von der Entwicklung der Steuerkraftmeßzahlen der Gewerbesteuer und der Gewerbesteuerumlage in den übrigen Gemeinden des Landes zu gewinnen, da im Zeitpunkt der Schätzung von den vierteljährlichen Statistiken über die kassenmäßigen Steuereinnahmen der Gemeinden, die von den Statistischen Landesämtern herausgegeben werden, lediglich die Ergebnisse von zwei zu berücksichtigenden Quartalen vorliegen werden. Für die Vorausschätzung des Aufkommens in den beiden restlichen Quartalen können nur aus der Auswertung des finanzstatistischen Materials früherer Jahre gewisse Rückschlüsse auf die Reaktion des Gewerbesteueraufkommens bei bestimmten Datenvariationen gezogen werden. Die Steuerkraftmeßzahlen der Grundsteuer und des Anteils an der Einkommensteuer lassen sich dagegen für die Gesamtheit der übrigen Gemeinden des Landes mit Hilfe der

Statistik über die kassenmäßigen Grundsteuereinnahmen für das erste Quartal des laufenden Jahres bzw. auf Grund des Einkommensteueransatzes im Haushaltsplan des Landes und der monatlichen Steuereinnahmestatistiken relativ genau abschätzen. Weitaus problematischer wird es sein, die Entwicklung der Steuerkraftmeßzahlen für die mittelfristige Finanzplanung vorauszusagen, da für die letzten drei Jahre der Planperiode keinerlei Istwerte vorliegen. Es muß deshalb ein besonderes Verfahren entwickelt werden, um den spezifischen Schwierigkeiten der mittelfristigen Finanzplanung gerecht zu werden.

Aus den bisher dargestellten Komponenten ergibt sich als letzte Determinante für das Aufkommen an Schlüsselzuweisungen einer Gemeinde der sog. Grundbetrag. Durch den Grundbetrag erreichen die Ausgangsmeßzahlen der einzelnen Gemeinden eine solche Höhe, daß die vom Land bereitgestellten Schlüsselmittel bei dem gesetzlich fixierten Ausgleich von 50 v.H. des Unterschieds zwischen Ausgangsmeßzahl und Steuerkraftmeßzahl gerade aufgezehrt werden. Verändert sich also nur eine der Determinanten auf Landes- bzw. Gemeindeebene, so muß sich auch der Grundbetrag ändern (121). Da der Grundbetrag u.a. die Resultante aus den Gesamtansätzen und Steuerkraftmeßzahlen jeder Gemeinde des Landes ist und in ihm gerade die strukturellen Verschiebungen zwischen den Gemeinden zum Ausdruck kommen, wird er von der einzelnen Gemeinde für die Haushaltsplanung - von der Finanzplanung ganz zu schweigen - kaum fundiert vorausgeschätzt werden können. Das hat entsprechende Konsequenzen für die im folgenden zu entwickelnden Schätzungsverfahren.

Geht man davon aus, daß am System der Schlüsselzuweisungen selbst - also der Gegenüberstellung von "normalisiertem" Finanzbedarf und Steuerkraft - nichts Grundsätzliches geändert wird, so kann sich auch die Höhe der Schlüsselzuweisung für die einzelne Gemeinde bei Konstanz der analysierten Determinanten nicht ändern. Die Determinanten sind damit vollständig erfaßt.

## C Entwicklung zweier Verfahren zur Vorausschätzung des Aufkommens an Schlüsselzuweisungen für die kommunale Haushaltsplanung

Bei der Darstellung der Determinanten wurde bereits darauf hingewiesen, daß die Schätzung des Aufkommens an Schlüsselzuweisungen durch die planende Gemeinde selbst immer mit beträchtlicher Unsicherheit verbunden ist. Der Kämmerer kann nämlich bestenfalls Aussagen über die Gesamtentwicklung der Steuerkraftmeßzahlen machen, nicht aber über die Entwicklung in jeder einzelnen Gemeinde des Landes und damit über den Grundbetrag. Wird z.B. die Veränderung der gesamten Steuerkraftmeßzahlen zutreffend vorausgeschätzt, steigen aber die Steuerkraftmeßzahlen in den "reichen" Gemeinden überdurchschnittlich, so wird die richtige Prognose zu falschen Aufkommensschätzungen führen, da die "reichen" Gemeinden ohnehin keine Schlüsselzuweisungen erhalten.

Es soll deshalb zunächst ein dezentralisiertes Schätzungsverfahren entwickelt werden, das von den gegenwärtigen institutionellen Voraussetzungen ausgeht, die Bestimmung des Grundbetrages umgeht und trotz aller notwendigen Mängel eine relativ genaue Schätzung erlaubt. Anschließend wird ein zentralisiertes Verfahren vorgeschlagen: Die zur Einnahmeschätzung erforderlichen Daten werden von einer Zentralstelle, die nicht Planungsträger ist, gesammelt und daraus die Schlüsselzuweisungen der einzelnen Gemeinden abgeleitet. Dieses Verfahren ermöglicht eine sehr genaue Veranschlagung der Schlüsselzuweisungen in den kommunalen Haushaltsplänen.

1. Ein dezentralisiertes Schätzungsverfahren

Ein Verfahren, das für den Kämmerer praktikabel sein soll und folglich die Vorausschätzung des Grundbetrages umgehen muß, kann nur auf einer marginalen Betrachtungsweise beruhen. Aus der Analyse der relativen Veränderungen der Determinanten gegenüber dem Vorjahr kann nämlich auf die Höhe der Schlüsselzuweisungen der Gemeinde geschlossen werden, ohne vorher den Grundbetrag zu ermitteln. Bei der Beschreibung des Verfahrens soll dies anhand eines Zahlenbeispiels verdeutlicht werden.

Während sich aus den Determinanten auf Landesebene die Schlüsselmasse ergibt, wird durch Gesamtansätze und Steuerkraftmeßzahlen der Anspruch der Gemeinde auf einen bestimmten Anteil an der Schlüsselmasse bestimmt. Wendet sich der Kämmerer zunächst der Schätzung dieses Anteils zu, so kann er von unveränderten Gesamtansätzen ausgehen, muß aber die Entwicklung der Steuerkraftmeßzahlen mit Hilfe der Verfahren, die bei der Analyse der Determinanten geschildert wurden, untersuchen. Zeigt sich z.B., daß die Gemeinde bei einer voraussichtlichen Erhöhung der gesamten Steuerkraftmeßzahlen im Land um 20 v.H. ihre Steuerkraftmeßzahl gegenüber dem Vorjahr um 50 v.H. steigerte, so ist die Auswirkung dieses "Vorsprungs" von 30 v.H. auf die Höhe der Schlüsselzuweisung der Gemeinde zu analysieren. Da die Gemeinde die Hälfte des Unterschiedsbetrages zwischen größerer Ausgangsmeßzahl und Steuerkraftmeßzahl als Schlüsselzuweisung erhält, kann man die Faustregel aufstellen, daß der Anteil der Schlüsselzuweisung der Gemeinde an der gesamten Schlüsselmasse sich gegenüber dem Vorjahr um die Hälfte der Abweichung vom allgemeinen Trend, im Beispiel also um 15 v.H., verkürzt. Bei einer Steuerkraft, die hinter der Entwicklung in den übrigen Gemeinden zurückbleibt, würde sich hingegen der Anteil um die Hälfte dieses "Rückstandes" erhöhen. Geht man im Beispiel von einem bisherigen Anteil der Gemeinde an der Schlüsselmasse in Höhe von 5,0 v.H. aus, so wird sich dieser Anteil also um 15 v.H. auf 4,25 v.H. der Schlüsselmasse vermindern.

Aus der Besonderheit der "Sockelgarantie" mag man ersehen, daß dieses Verfahren kaum mehr als eine Faustregel sein kann. Bei einer Gemeinde, die ohnehin die "Sockelgarantie" beansprucht, wirkt sich nämlich eine Abweichung ihrer Steuerkraftmeßzahl vom allgemeinen Trend überhaupt nicht auf die Höhe ihrer Schlüsselzuweisung aus. Indes wurde die Steuerkraft der "reichen" Gemeinden, die überhaupt keine Schlüsselzuweisungen erhalten, bei der Schätzung der allgemeinen Steuerkraftentwicklung nicht eliminiert. Beachtet der Kämmerer aber diese Fehlerquellen, indem er z.B. bei einer "Sockelgarantie-Gemeinde" berücksichtigt, daß ihr Aufkommen an Schlüsselzuweisungen auf Veränderungen ihrer Steuerkraftmeßzahl unelastisch reagiert, dann kann er mit diesem Verfahren zumindest näherungsweise den Anteil der Gemeinde an der gesamten Schlüsselmasse des Landes ermitteln.

Nachdem die Veränderung des Anteils der Gemeinde an der Schlüsselmasse geschätzt wurde, ist jetzt auf die Entwicklung dieser Schlüsselmasse einzugehen und damit die Höhe der Schlüsselzuweisung abzuleiten. Dem stehen keine besonderen Schwierigkeiten entgegen, da der Kämmerer den Ansatz für Schlüsselzuweisungen an die Gemeinden aus dem Haushaltsplanentwurf des Landes übernehmen kann. Bleibt man im Beispiel, so würde bei einer Erhöhung der Schlüsselmasse um 10 v.H. die Schlüsselzuweisung der Gemeinde mit 4,25 v.H. der um 10 v.H. verstärkten Schlüsselmasse des Vorjahres oder mit 4,675 v.H. der Schlüsselmasse des Vorjahres zu veranschlagen sein. Betrug die Schlüsselmasse für Schlüsselzuweisungen an die Gemeinden im Vorjahr also eine Mrd. DM, so erhielt nach dem Beispiel die Gemeinde eine Schlüsselzuweisung von 50 Mio. DM; für das Planungsjahr kann sie dann eine Zuweisung von 46,75 Mio. DM veranschlagen.

2. Ein zentralisiertes Schätzungsverfahren

Das dezentralisierte Verfahren mußte die Schätzung der Schlüsselzuweisungen zwangsläufig mit einer gewissen Ungenauigkeit belasten, die sich insbesondere aus der relativ undifferenzierten Ableitung der relevanten Entwicklungen im kommunalen Gesamtbereich ergaben. Will man diese Fehlerquellen ausschalten, so bietet sich eine Zentralisierung der Schätzung an, bei der einer Zentralstelle die zur Prognose der Determinantenentwicklung erforderlichen Informationen zugeleitet werden. Diese Stelle hat dann die Daten auszuwerten und den Grundbetrag zu ermitteln.

Die institutionellen Voraussetzungen können entweder von den kommunalen Spitzenverbänden, die damit ihren "Service" für ihre Mitgliedsgemeinden entscheidend bereichern würden, oder von den Ländern geschaffen werden. Die Länder bieten sich deshalb besonders an, weil sie ihre statistischen Ämter mit dieser Aufgabe betrauen könnten, die ohnehin nach Verabschiedung des Finanzausgleichsgesetzes den verbindlichen Grundbetrag jährlich errechnen müssen.

Zur Verfahrenstechnik ist zu sagen, daß die Gemeinden im Laufe des Juli der Zentralstelle ihre Gesamtansätze und Steuerkraftmeßzahlen melden müßten. Dabei würden die Steuerkraftmeßzahlen auf dem Ist-Aufkommen dreier Quartale und auf der Vorausschätzung des Aufkommens in der Zeit vom 1. Juli bis 30. September beruhen. Der Ansatz der Schlüsselmasse im Haushaltsplanentwurf schließlich könnte vom Finanzminister des Landes mitgeteilt werden. Damit stehen der Stelle die Daten zur Verfügung, die sie zur Errechnung des Grundbetrages benötigt. Wird der Rechenprozeß vom Statistischen Landesamt durchgeführt, so kann es seine Datenverarbeitungsanlagen mit demselben Programm steuern, das bei der späteren verbindlichen Ermittlung des Grundbetrages ohnehin verwendet wird, so daß sich die Kosten in vertretbaren Grenzen halten. Das Ergebnis der Rechnung könnte etwa im August veröffentlicht werden und mit Hilfe dieses Grundbetrages würde dann jede Gemeinde den Ansatz für Schlüsselzuweisungen in ihrem Haushaltsplan ohne Schwierigkeiten ableiten.

Bei diesem Verfahren wären lediglich zwei Fehlerquellen möglich: Einmal könnte der Ansatz der Schlüsselmasse im Verlauf der Haushaltsberatungen durch das Landesparlament geändert werden, zum anderen sind Abweichungen bei den Steuerkraftmeßzahlen denkbar, die von den einzelnen

Gemeinden gemeldet wurden, da sie teilweise - allerdings nur für das letzte Quartal - auf Schätzungen beruhen. Diese Fehlerquellen sind jedoch relativ gering, so daß das hier entwickelte Verfahren den Anforderungen, die es unter dem Aspekt des Genauigkeitsgrundsatzes zu erfüllen hat, voll gerecht wird.

## D. Die Vorausschätzung des Aufkommens an Schlüsselzuweisungen für die mittelfristige Finanzplanung der Gemeinden

Es wurde bereits darauf hingewiesen, daß die Vorausschätzung der Schlüsselzuweisungen für die mittelfristige Finanzplanung besondere Probleme aufwirft, die die einzelne Gemeinde nicht lösen kann. Diese Einschätzung wird auch von den Ländern geteilt: "Alle Beteiligten sind sich darüber einig, daß die Gemeinden (Gv) bei ihrer Finanzplanung der Hilfe von Bund und Ländern bedürfen" (122).

Ein Beispiel gab das Land Nordrhein-Westfalen in seinem mittelfristigen Finanzplan für die Jahre 1970 bis 1974, in dem die Finanzzuweisungen nach Arten und Aufgabengebieten gegliedert und erstmals die Schlüsselzuweisungen an die Gemeinden in den einzelnen Jahren der Planperiode getrennt ausgewiesen wurden (123). Dies kann aber nur als erster Ansatz verstanden werden, denn es ist der einzelnen Gemeinde z.B. unmöglich, die Entwicklung der Steuerkraftmeßzahlen im gesamten kommunalen Bereich des Landes für einen Zeitraum von fünf Jahren auch nur mit einiger Genauigkeit zu prognostizieren. Hier muß das Land Hilfestellung leisten, wenn die kommunale Finanzplanung mehr als eine inhaltsleere Fiktion sein soll.

Es bietet sich - wie schon für die Haushaltsplanung - eine zentralisierte Sammlung und Auswertung aller relevanten Informationen der Gemeinden bzw. des Landes beim Statistischen Landesamt an. Jede Gemeinde müßte also ihre Gesamtansätze und Steuerkraftmeßzahlen für die letzten drei Jahre der Planperiode dem Statistischen Landesamt mitteilen (124).

Da die Schätzung der Steuerkraftmeßzahlen aber auf der Schätzung des Aufkommens aus der Gewerbesteuer, der Grundsteuer und dem Gemeindeanteil an der Einkommensteuer beruht, müssen diese Arbeiten an der Finanzplanung vom Kämmerer vorgeschaltet werden. Dies ist bei der Festlegung eines verbindlichen Termins zu beachten, den die Gemeinden für die Zustellung ihrer Schätzungsergebnisse einzuhalten haben.

Liegen die Mitteilungen aller Gemeinden über geschätzte Gesamtansätze und Steuerkraftmeßzahlen und die Information des Landes über die geplante Entwicklung der Schlüsselmasse vor, so kann das Statistische Landesamt daraus die drei Grundbeträge errechnen und anschließend veröffentlichen. Die Gemeinden multiplizieren dann die Gesamtansätze mit diesen Grundbeträgen und erhalten die Ausgangsmeßzahlen. Aus der Gegenüberstellung von Ausgangsmeßzahlen und Steuerkraftmeßzahlen - bei einem Ausgleich von 50 v.H. dieser Differenz und unter Beachtung der Sockelgarantie - ergeben sich schließlich die Schlüsselzuweisungen, die eine Gemeinde in den betreffenden drei Jahren zu erwarten hat.

Die Fehlerquellen werden - auch bei Anwendung dieses Verfahrens - bei der Vorausschätzung der Schlüsselzuweisungen für die mittelfristige Finanzplanung selbstverständlich wesentlich größer sein als bei der kurzfristigen Schätzung für den Haushaltsplan. Einmal wird das Land das Aufkommen aus den Verbundsteuern längerfristig nur mit eingeschränkter Genauigkeit vorausschätzen können, zum anderen haben die Ansätze im Finanzplan keinerlei Verbindlichkeit für den späteren Finanzausgleich. Weiterhin können die Gemeinden bei der Vorausschätzung der Steuerkraftmeßzahlen für die Finanzplanung - im Gegensatz zur Haushaltsplanung - nicht auf Istwerte zurückgreifen; sie müssen zudem mit schwer prognostizierbaren Veränderungen der Gesamtansätze rechnen. Die Fehlerquellen, die dieses Verfahren noch enthält, sind aber keineswegs so schwerwiegend, daß sie die eingangs beschriebenen Funktionen einer mittelfristigen Finanzplanung gefährden. Die Forderung nach absoluter Genauigkeit einer längerfristigen Einnahmeschätzung wäre ohnehin unsinnig, denn "eines der wesentlichen Merkmale der kommunalen Finanzplanung und überhaupt jedes Planes liegt darin, daß die tatsächliche Entwicklung nicht oder jedenfalls nicht genau mit der geplanten übereinstimmt. Wer diese Selbstverständlichkeit nicht voll akzeptiert, dessen Verhältnis zur Planung ist neurotisch belastet" (125).

## II. Die Vorausschätzung der Zweckzuweisungen

Die Zweckzuweisungen, die in der Literatur auch als spezielle Finanzzuweisungen oder zweckgebundene bzw. verwaltungszweiggebundene Zuweisungen bezeichnet werden, erreichten im Rechnungsjahr 1968 einen Umfang von 7,11 Mrd. DM, dem lediglich 5,49 Mrd. DM an allgemeinen Finanzzuweisungen gegenüberstanden. Diese Finanzmasse ist aber von einer ausgesprochen heterogenen Struktur, da sie aus einer Vielzahl von Töpfen und Töpfchen gespeist wird. In Nordrhein-Westfalen gibt es mittlerweile beim Land etwa 180 und bei den Landschaftsverbänden etwa 60 Titel für Zweckzuweisungen. Zudem können die Gemeinden sich nur mit Mühe einen Überblick über die einschlägigen Vorschriften verschaffen, "weil sie zu sehr verschiedenen Zeiten erlassen und in mannigfachen Verkündungsblättern und Publikationen veröffentlicht worden sind. Es gibt sogar Töpfe, die ausgeschüttet werden, ohne daß gemeinverbindliche Richtlinien bestehen. Manchmal werden die Verwaltungsvorschriften auch in der praktischen Handhabung abgewandelt" (126).

"Zweckzuweisungen" ist also ein Sammelbegriff für höchst unterschiedliche Arten von Zuschüssen. Dotierung und Vergabeverfahren jedes einzelnen Titels haben ihre spezifischen Eigenarten und werfen dementsprechend eigenständige Schätzungsprobleme auf. Da aber nicht für jeden Titel ein besonderes Schätzungsverfahren entwickelt werden kann, ist das heterogene Gebilde "zweckgebundene Zuweisungen" zunächst unter dem Aspekt der Einnahmeschätzung zu systematisieren.

### A Eine Systematisierung der Zweckzuweisungen

Die Zweckzuweisungen lassen sich nach Zuschußarten folgendermaßen gliedern (127):

a) Durchlaufende Gelder und Kostenerstattungen. Bei den durchlaufenden Geldern bedienen sich die übergeordneten Gebietskörperschaften der Gemeinden lediglich als "Zahlstellen". Zu den Transfers dieser Art gehören z.B. die Leistungen nach dem Lastenausgleichsgesetz und nach dem Wohngeldgesetz. Bei den Kostenerstattungen erhalten die Gemeinden die Kosten bestimmter Aufgaben (z.B. Auftragsangelegenheiten, Kriegsfolgenhilfe) voll oder teilweise ersetzt.

b) Schlüsselmäßige Zuweisungen für bestimmte Aufgabengebiete. Hierbei handelt es sich um Zuschüsse, die den Gemeinden nach einem Schlüssel (meist veredelte Einwohnerzahl) ohne besonderen Antrag zur Erfüllung bestimmter kommunaler Aufgaben gewährt werden. In diese Gruppe gehören beispielsweise die aus dem Kfz-Steueraufkommen gezahlten Zuschüsse an die Gemeinden und Landkreise gemäß § 13 FAG NW 1970.

c) Beihilfen für bestimmte Vorhaben auf Antrag. Diese Zuschüsse - auch zweckgebundene Zuweisungen im engeren Sinne genannt - werden für eine einzelne Maßnahme bzw. eine begrenzte Zahl von Maßnahmen gewährt und müssen für jeden Einzelfall förmlich beantragt werden. "Die beihilfefähigen Vorhaben reichen von Investitionszuschüssen aller Art bis zu Zuschüssen für Schulwanderungen" (128).

Vor allem die Beihilfen auf Antrag zeigen solche Unterschiede in ihren Bewirtschaftungsverfahren, daß sie kaum noch zu überblicken sind. "Die Bewirtschaftung der Mittel ist teilweise durch materielles Gesetz oder durch Verwaltungsverordnung oder nur durch Verfügung der Bewilligungsbehörden oder gar nicht geregelt" (129). Da die unterschiedliche Ausgestaltung der Vergabeverfahren von entscheidender Bedeutung für die Einnahmeschätzung ist, sollen diese Vergabeverfahren abschließend wie folgt systematisiert werden (130):

a) Die Mittel werden im Landeshaushalt global ausgewiesen und nach einem gesetzlich fixierten Schlüssel auf die einzelnen Gemeinden verteilt. Die kreisfreien Städte und die Kreise erhalten z.B. "einen Zuschuß zu den Kosten aller übrigen Auftragsaufgaben und Pflichtaufgaben zur Erfüllung nach Weisung, der nach der Einwohnerzahl bemessen wird" (§ 15 Abs. 2 FAG NW 1970).

b) Es werden "ad-hoc-Zuweisungen" für bestimmte Investitionsvorhaben im Landeshaushalt namentlich aufgeführt. Diese Ansätze sind aber relativ selten (z.B. Theaterzuschüsse und Beihilfen zu sonstigen Einzelprojekten im kulturellen Bereich).

c) Der Haushaltsplan der übergeordneten Gebietskörperschaft weist einen Globaltitel aus; die Verteilung erfolgt nach veröffentlichten oder nicht veröffentlichten Richtlinien unterschiedlichster Ausgestaltung oder gar ohne jede Richtlinie (131). Dieses Vergabeverfahren wird bei dem Gros der Zweckzuweisungen angewendet. Bei der Verteilung dieser Zuschüsse wird der Exekutive der größte Ermessensspielraum gewährt; sie sind deshalb "der kommunalen Lobby liebstes Kind" (132). Daraus folgt für die kommunale Haushalts- und Finanzplanung, daß der Einnahmeschätzung hier kaum zu überwindende Hindernisse entgegenstehen.

## B Die Vorausschätzung der Zweckzuweisungen für Haushalts- und Finanzplanung der Gemeinden

Die Zweckzuweisungen beruhen auf einer Vielzahl von Vorschriften, in denen die politischen Ziele der übergeordneten Gebietskörperschaften ihren Ausdruck gefunden haben. Es ist für den einzelnen Kämmerer aber schier unmöglich, die Auswirkungen dieser politischen Strömungen auf die kommunale Finanzwirtschaft, die sich als Kompromiß in den Zahlen des Haushaltsplans widerspiegeln, auch nur halbwegs plausibel zu prognostizieren. Dies hat in Nordrhein-Westfalen zu der Einsicht geführt, daß der Haushaltsplan - zumindest im Entwurf - und der mittelfristige Finanzplan so frühzeitig fertigzustellen sind, daß die Gemeinden sie für ihre Haushalts- und Finanzplanung auswerten können (133).

Geht man davon aus, daß die Haushaltsplanentwürfe und Finanzpläne der übergeordneten Körperschaften rechtzeitig veröffentlicht werden, so besteht das Schätzungsproblem der einzelnen Gemeinde darin, ihren Anteil an den ausgewiesenen Zweckzuweisungstiteln zu prognostizieren. Das Problem stellt sich für die Finanzplanung ähnlich wie für die Haushaltsplanung, wenn man davon absieht, daß die Ansätze im Finanzplan des Landes bzw. des Bundes weniger verbindlich und weniger differenziert sind - es werden die Zweckzuweisungen nur nach funktionalen Kennziffern, nicht nach einzelnen Titeln ausgewiesen - als in den Haushaltsplanentwürfen, so daß die kommunale Finanzplanung immer mit einer größeren Ungenauigkeit belastet sein wird als die Haushaltsplanung. Da sich die Verfahrenstechnik aber nicht wesentlich unterscheidet, werden die Schätzungsprobleme entsprechend der oben entwickelten Gliederung der Zweckzuweisungen für beide Pläne gemeinsam behandelt.

Die durchlaufenden Gelder und Kostenerstattungen bereiten bei der Vorausschätzung der Zweckzuweisungen die geringsten Schwierigkeiten, da sie sich aus den Ergebnissen der Ausgabenplanung ableiten lassen. Bei durchlaufenden Geldern bzw. voller Kostenerstattung wird der Ausgabenansatz übernommen, bei teilweiser Kostenerstattung eine entsprechend niedrigere Einnahme ausgewiesen. Es handelt sich hier also weniger um ein Problem der Einnahmeschätzung als um ein solches der Ausgabeschätzung.

Das Verfahren zur Vorausschätzung schlüsselmäßiger Zuweisungen für bestimmte Aufgabengebiete wird von der Ausgestaltung des Schlüssels bestimmt. Ergibt sich der Zuschuß aus der Multiplikation bestimmter Bedarfsindikatoren der Gemeinden mit einem konstanten DM-Betrag (Quotenverfahren; z.B. 30 DM je Einwohner), so ist die Einnahmeschätzung unproblematisch. Wird dagegen ein Globaltitel des Landes auf die Gemeinden repartiert, dann ist das Aufkommen einer Gemeinde aus dieser Zuweisung abhängig von der Entwicklung der Schlüsselgrößen in den übrigen Gemeinden des Landes. Dieses Schätzungsproblem ist formal mit dem identisch, das bei der Vorausschätzung der Steuerkraftmeßzahlen auftrat. Die Lösungswege entsprechen sich folglich: Will man möglichst genaue Einnahmeansätze, dann muß die Schätzung zentralisiert werden. Bei einer Schätzung durch den einzelnen Kämmerer hingegen kann der Planansatz nur auf Plausibilitätsüberlegungen beruhen, die die Einnahmeplanung mit erheblicher Unsicherheit belasten.

Für die Vorausschätzung der "Beihilfen für bestimmte Vorhaben auf Antrag" muß infolge der Vielfalt ihrer Ausgestaltung auf die Systematik der Vergabeverfahren zurückgegriffen werden. Werden die Mittel nach einem gesetzlich fixierten Schlüssel auf die Gemeinden verteilt, so kann auf die Ausführungen zur Vorausschätzung der schlüsselmäßigen Zuweisungen verwiesen werden, die ohne Antrag gewährt werden. Werden die Beihilfen für ein bestimmtes Investitionsvorhaben im Landeshaushalt getrennt aufgeführt, dann besteht kein Schätzungsproblem; es wurde nämlich unterstellt, daß der Haushaltsplanentwurf des Landes bzw. des Bundes den Gemeinden bereits bekannt ist und sie für ihre Schätzung eine unveränderte Verabschiedung dieser Entwürfe unterstellen.

Die größten Schwierigkeiten bereiten der kommunalen Haushalts- und Finanzplanung schließlich die Zweckzuweisungen, die auf Grund von Richtlinien oder gar allein auf der Grundlage des Haushaltsplanes ohne jede Richtlinie verteilt werden. Selbst die veröffentlichten Richtlinien gewähren der Exekutive (134) noch einen erheblichen Ermessensspielraum, dessen konkrete Ausgestaltung von der einzelnen Gemeinde einfach nicht prognostiziert werden kann, da sie das Resultat eines undurchdringlichen Gestrüpps politischer Einflüsse ist. "Solange Ministerien nur durch die Verteilung von Zweckzuweisungen ihre Bedeutung darstellen können und solange kommunalpolitisch tätige Landtagsabgeordnete auf demselben Wege eine Bestätigung ihrer Bedeutung erhalten können, wird das Gewicht der (so ausgestalteten) Zweckzuweisungen nicht abnehmen" (135). Zudem wird die kommunale Finanzwirtschaft bei dieser Zuweisungstechnik noch dadurch gestört, daß - neben der Höhe des Zuschusses - nicht einmal gewiß ist, ob dem Antrag überhaupt stattgegeben wird: "Bei Aufstellung des Etats und Einplanung der Maßnahme liegt meistens ein Bewilligungsbescheid noch nicht vor" (136). Weitere Schwierigkeiten bereitet der oft erhebliche time-lag zwischen Bewilligung und Zahlung der Zuweisung (137).

Nur eine drastische Änderung dieser Zuweisungstechnik wird es den Gemeinden ermöglichen, in ihren Haushalts- und Finanzplänen dem Grundsatz der Genauigkeit gerecht zu werden; hier ist die Grenze einer rationalen, d.h. einer wissenschaftlich abgesicherten Schätzung erreicht.

## Literaturverzeichnis

### I. Schriften mit Angabe des Verfassers


Albers, W., Finanzausgleich, in: HdSW, 3. Band, Stuttgart-Tübingen-Göttingen 1961, S. 553 ff.

Albers, W., Einige Fragen zur mittelfristigen Finanzplanung, in: Geldtheorie und Geldpolitik. Günter Schmölders zum 65. Geburtstag, Berlin 1968, S. 201 ff.

Albert, H., Theorie und Prognose in den Sozialwissenschaften, in: Logik der Sozialwissenschaften, hrsg. v. Topitsch, E., 6. Aufl., Köln-Berlin 1970, S. 126 ff.

Arndt, K.D., Ein Gesetz zur Förderung der wirtschaftlichen Stabilität, in: Konjunkturpolitik, Zeitschrift für angewandte Konjunkturforschung, 12. Jg., Berlin 1966, S. 157 ff.

Bassie, L.V., Economic Forecasting, New York 1958.

Berkenhoff, H.A. und Sindermann, W., Das Haushaltswesen der Gemeinden, 4. Aufl., Herford und Berlin 1963.

Bernauer, E., Mittelfristige Finanzplanung der Gemeinde, in: Der Gemeindehaushalt, 69. Jg., 1968, S. 105 ff.

Bickel, W., Der Finanzausgleich, in: HdF, 2. Band, 2. Aufl., Tübingen 1956, S. 730 ff.

Blankenburg, J., Die Typisierung der Gemeinden nach sozialökonomischen und finanzwirtschaftlichen Strukturmerkmalen, Forschungsberichte des Landes Nordrhein-Westfalen; Nr. 1664, Köln und Opladen 1965.

Brecht, A., Internationaler Vergleich der öffentlichen Ausgaben, in: Grundfragen der internationalen Politik, Vorträge des Carnegie-Lehrstuhls für Außenpolitik und Geschichte an der Deutschen Hochschule für Politik, Heft 2, Leipzig-Berlin 1932.

Demny, I., Die Gefahr einer Einschränkung der Autonomie der Gemeinden durch die Zweckzuweisungen, erläutert am Beispiel Nordrhein-Westfalen, Diss., Köln 1966.

Evers, H., Mittelfristige Finanzplanung im kommunalen Bereich, in: Der Landkreis, 37. Jg., 1967, S. 219 ff.

Ewringmann, D., Zur Voraussage kommunaler Investitionsbedarfe - Ein Beitrag zur positiven Theorie öffentlicher Bedarfe -, Opladen 1971.

Fischer, J., Die Ableitung der regionalen Branchenentwicklung aus gesamtwirtschaftlichen Vorausschätzungen, in: Mitteilungen des RWI, 19. Jg., Berlin 1968, S. 115 ff.

Fischer, J., Der trendmäßige Einfluß der gesamtwirtschaftlichen Nachfrageaggregate auf die sektorale und regionale Produktion, in: Mitteilungen des RWI, 20. Jg., Berlin 1969, S. 249 ff.

Fischer-Menshausen, H., Mittelfristige Finanzplanung im Bundesstaat, in: Planung III. Mittel und Methoden planender Verwaltung, hrsg. v. Kaiser, J.H., Baden-Baden 1968, S. 73 ff.

Fuchs, M., Zweckgebundene Zuweisungen - Hilfe oder Last für die Gemeinden?, in: Der Gemeindehaushalt, 70. Jg., 1969, S. 145 ff. und S. 169 ff.

Gerfin, H., Langfristige Wirtschaftsprognose, Tübingen und Zürich 1964.

Giere, G., Mehrjahresplan und Haushaltsplan, in: Der Städtetag, 18. Jg., 1965, S. 71 f.

Giersch, H. und Borchardt, K. (Hrsg.), Diagnose und Prognose als wirtschaftswissenschaftliche Methodenprobleme, Schriften des Vereins für Socialpolitik, N.F. Bd. 25, Berlin 1962.

Glass, C.P., Die Realität der Kommunalaufsicht. Schriften zur Verwaltungslehre, hrsg. v. Thieme, W., Köln 1967.

Grund, W., Die mehrjährige Finanzplanung des Bundes - Grundkonzeption, Methoden und ihre Problematik -, in: Planung III, Mittel und Methoden planender Verwaltung, hrsg. v. Kaiser, J.H., Baden-Baden 1968, S. 47 ff.

Hacker, H., Finanzausgleich, in: Handbuch der kommunalen Wissenschaft und Praxis, hrsg. v. Peters, H., 3. Band, Berlin-Göttingen-Heidelberg 1959, S. 395 ff.

Hagemann, G., Beziehungen zwischen mittelfristiger Finanzplanung und Finanzverfassung im föderativen Staat unter besonderer Berücksichtigung der Verhältnisse in der Bundesrepublik Deutschland, in: Beihefte der Konjunkturpolitik, Heft 15, Berlin 1968, S. 47 ff.

Hansen, A., Auswirkungen der geplanten Gemeindefinanzreform, Ergebnis der steuerstatistischen Sonderuntersuchungen, in: Wirtschaft und Statistik, Wiesbaden 1969, S. 245 ff.

Hansmeyer, K.H. und Fürst, D., Die Gebühren. Zur Theorie eines Instrumentariums der Nachfragelenkung bei öffentlichen Leistungen, Stuttgart 1968.

Hansmeyer, K.H., Zweckzuweisungen an Gemeinden als Mittel der Wirtschaftspolitik?, in: Theorie und Praxis des finanzpolitischen Interventionismus. Fritz Neumark zum 70 Geburtstag. Tübingen 1970, S. 431 ff.

Hedtkamp, G., Lehrbuch der Finanzwissenschaft, Neuwied und Berlin 1968.

Heinig, K., Das Budget, 1. Band, Tübingen 1949.

Hettlage, K.M., Probleme einer mehrjährigen Finanzplanung, in: Finanzarchiv, N.F. Bd. 27, Tübingen 1968, S. 235 ff.

Hilterscheid, H., Industrie und Gemeinde. Die Beziehungen zwischen der Stadt Wolfsburg und dem Volkswagenwerk und ihre Auswirkungen auf die kommunale Selbstverwaltung, Berlin 1970.

Höllig, Die Befugnis der Gemeinde zur Anpassung der Gewerbesteuervorauszahlungen, in: Deutsche Steuer-Zeitung, Ausgabe A, 1958, S. 332 f.

Keller, T., Alte Budgetgrundsätze und neue Finanzpolitik, in: Theorie und Praxis des finanzpolitischen Interventionismus. Fritz Neumark zum 70. Geburtstag, Tübingen 1970, S. 369 ff.

Kirmse, K.W., Zur Anpassung der Gewerbesteuervorauszahlungen für 1957, in: Deutsche Gemeindesteuer-Zeitung, 7. Jg., 1957, S. 65 ff.

Klein, H.G., Der kommunale Finanzausgleich 1970 in Nordrhein-Westfalen, in: Der Gemeindehaushalt, 71 Jg., 1970, S. 73 ff.

Krane, W. und Blankenstein, H., Zweckgebundene staatliche Zuwendungen, in: Der Gemeinderat, 23. Jg., 1969, S. 34 ff. und S. 74 ff.

Jäger, K.H., Kommunale Aufgabenstellung und staatliche Finanztransfers an die Gemeinden, Diss., Frankfurt 1968.

Jöhr, W.A. u.a., Schätzung der Einnahmen und Ausgaben des Bundes 1966 - 1974. Bericht der Eidgenössischen Expertenkommission zur Bearbeitung der Grundlagen und Methoden einer langfristigen Finanzplanung im Bunde, St. Gallen 1966.

Leue, R., Die Problematik der Veranschlagung und Abwicklung des außerordentlichen Haushalts, in: Der Gemeindehaushalt, 64 Jg., 1963, S. 84 ff.

Löbbe, K., Die steuerlichen und ökonomischen Einkommen in der Bundesrepublik 1954-1966. Versuch einer Berechnung und Auswertung, in: Mitteilungen des RWI, 19. Jg., Berlin 1968, S. 29 ff.

Lotz, W., Finanzwissenschaft, Tübingen 1917.

Meichner-Seeger-Steenbock, Kommunale Finanzplanung, Köln 1970.

Menges, G., Ökonometrie, Wiesbaden 1961.

Moezer, H.J., Die Zerlegung des einheitlichen Steuermeßbetrages, in: Der Betriebs-Berater, 1959, S. 952 ff.

Neumark, F., Theorie und Praxis der Budgetgestaltung, in: HdF, 1. Band, 2. Aufl., Tübingen 1952, S. 554 ff.

Neumark, F., Grundsätze und Arten der Haushaltsführung und Finanzbedarfsdeckung, in: Wirtschafts- und Finanzprobleme des Interventionsstaates, Tübingen 1961, S. 122 ff.

Neumark, F., Planung in der öffentlichen Finanzwirtschaft, in: Schriften des Verein für Socialpolitik, N.F. Bd. 45, Berlin 1967, S. 173 ff.

Popitz, J., Der künftige Finanzausgleich zwischen Reich, Ländern und Gemeinden, Berlin 1962.

Popper, K.R., Logik der Forschung, 3., vermehrte Auflage, Tübingen 1969.

Popper, K.R., Prognose und Prophetie in den Sozialwissenschaften, in: Logik der Sozialwissenschaften, hrsg. v. Topitsch, E., 6. Aufl., Köln-Berlin 1970, S. 113 ff.

Raabe, K.H., Prognosen und Projektionen der kurzfristigen Wirtschaftsentwicklung in der Bundesrepublik Deutschland, hrsg. v. Referat Presse und Information des Bundesministeriums für Wirtschaft, Bonn 1969.

Raabe, K.H., Projektionen der mittelfristigen Wirtschaftsentwicklung in der Bundesrepublik Deutschland, hrsg. von der Pressestelle des Bundesministeriums für Wirtschaft, Bonn 1969.

Reichstein, S., Die Kassenbestände im außerordentlichen Haushalt der Gemeinden. Die Problematik des § 92 (2) Gemeindeordnung Nordrhein-Westfalen, Finanzwissenschaftliche Forschungsarbeiten, hrsg. v. Schmölders, G., Band 31, Berlin 1964.

Rose, G., Betrieb und Steuer. Erstes Buch: Die Ertragsteuern, Wiesbaden 1969.

Rothschild, K.W., Wirtschaftsprognose. Methoden und Probleme, Berlin-Heidelberg-New York 1969.

Schmölders, G., Finanzpolitik, 3., neu überarbeitete Auflage, Berlin-Heidelberg-New York 1970.

Schmölders, G., Zum Problem der Prognose in der Wirtschaft, in: Universitas. Zeitschrift für Wissenschaft, Kunst und Literatur, 18. Jg., Heft 3, 1963, S. 237 ff.

Schmölders, G., Kommunale Finanzpolitik, in: Handbuch der kommunalen Wissenschaft und Praxis, hrsg. v. Peters, H., 3. Band, Berlin-Göttingen-Heidelberg 1959, S. 31 ff.

Schmölders, G., Das Problem der Prognose in der Wirtschaft, in: BDV-Jahresheft, hrsg. v. Bundesverband Deutscher Volks- und Betriebswirte e.V., Bezirksgruppe Südhessen, Darmstadt 1963.

Schmölders, G., "Finanzstarke" und "finanzschwache" Gemeinden. Zur Frage der Typisierung kommunaler Gebilde nach finanzwirtschaftlichen Strukturmerkmalen, in: Archiv für Kommunalwissenschaften, 1965, S. 30 ff.

Schüler, M. u.a., Zur Finanzreform in der Bundesrepublik Deutschland, Schriftenreihe des Forschungsinstituts der Friedrich-Ebert-Stiftung, Hannover 1964.

Stammer, F., Das Gewerbesteueraufkommen 1964 eine unbekannte Größe?, in: Der Gemeindehaushalt, 64. Jg., 1963, S. 265 ff.

Steenbock, R., Kommunale Finanzplanung - wozu und wie?, in: Der Gemeindehaushalt, 71. Jg., 1970, S. 217 ff.

Theil, H., Economic Forecasts and Policy, 2. Aufl., Amsterdam 1961.

Theil, H., Applied Economic Forecasting, Chicago 1966.

Wolkersdorf, L., Zur Frage der Berücksichtigung von Preissteigerungen bei den Steuerschätzungen, in: Bulletin des Presse- und Informationsamtes der Bundesregierung, Nr. 28 vom 1. März 1966, S. 217 ff.

## II. Schriften ohne Angabe des Verfassers

Die Auswirkungen des Veranlagungsrhythmus auf die Steuereinnahmen, in: Finanzbericht 1965, S. 147 ff.

Beitrag zur Sicherung von Wirtschaftswachstum und Preisstabilität, in: Bulletin des Presse- und Informationsamtes der Bundesregierung, Nr. 30, 1969, S. 253 ff.

Deutscher Städtetag, Mittelfristige Finanzplanung. Arbeitsunterlage zur 14. Hauptversammlung des Deutschen Städtetages vom 21. bis 23. Juni 1967 in Bremen.

Entwicklung ausgewählter Steuerarten 1967-1972, Gutachten des RWI, Essen 1968.

Finanzplanung und Konjunkturpolitik, in: Finanzbericht 1969, S. 119 ff.

Jahresgutachten 1968 des Sachverständigenrates zur Begutachtung der gesamtwirtschaftlichen Entwicklung, Bundestags-Drucksache V/3550.

Jahreswirtschaftsbericht 1969, Bundestags-Drucksache V/3786.

Jahreswirtschaftsbericht 1970, Bundestags-Drucksache VI/281.

Kommission für die Finanzreform, Gutachten über die Finanzreform in der Bundesrepublik Deutschland, Stuttgart 1966.

Koordinierung der Finanzplanungen, in: Finanzbericht 1969, S. 135 ff.

Koordinierung der Finanzplanungen, in: Finanzbericht 1970, S. 151 ff.

Mitteilungsblatt der Stadtverwaltung Essen, 55. Jg., 1967.

Mittelfristige Finanzplanung des Landes Nordrhein-Westfalen 1970 bis 1974, Landtags-Drucksache 7/101.

Mittelfristige Finanzvorschau 1968-1973 der Landeshauptstadt Hannover, Hannover 1967.

Sitzung des Finanzplanungsrates am 17. April 1970, Bulletin des Presse- und Informationsamtes der Bundesregierung, Nr. 55, 1970, S. 516.

Sozialprodukt und Landessteuern in Nordrhein-Westfalen 1967-1973, Gutachten des

Sozialprodukt und Landessteuern in Nordrhein-Westfalen 1967-1973, Gutachten des RWI, Essen 1967.

Die Steuereinnahmen des Bundes und der Länder im Juni 1970 und im 1. Halbjahr 1970, hrsg. v. Bundesminister der Finanzen, Drucksache I A/6-Vw 1228-7/70.

Volkswirtschaftliche Gesamtrechnungen, in: Wirtschaft und Statistik, hrsg. v. Statistischen Bundesamt, Jg. 1968-1970, Stuttgart und Mainz 1968-1970.

Vorüberlegungen zur Steuerschätzung, in: Finanzbericht 1970, S. 33 ff.

III. Gesetze, Verordnungen, Richtlinien und Kommentare

Grundgesetz für die Bundesrepublik Deutschland, BGBl. I S. 1, in der Fassung vom 12.5.1969 (BGBl. I S. 359).

Gesetz zur Förderung der Stabilität und des Wachstums der Wirtschaft vom 8. Juni 1967, BGBl. I S. 581.

Gesetz über die Grundsätze des Haushaltsrechts des Bundes und der Länder vom 19. August 1969, BGBl. I S. 1273.

Reichsabgabenordnung vom 22. Mai 1931, RGBl. I S. 161.

Steueranpassungsgesetz vom 16. Oktober 1934, RGBl. I S. 925.

Bewertungsgesetz in der Fassung vom 10. Dezember 1965, BGBl. I S. 1961.

Einkommensteuergesetz in der Fassung vom 12. Dezember 1969, BGBl. I S. 2265.

Körperschaftsteuergesetz in der Fassung vom 13. Oktober 1969, BGBl. I S. 1869.

Gewerbesteuergesetz in der Fassung vom 20. Oktober 1969, BGBl. I S. 2021.

Gesetz über Steuerstatistiken vom 6. Dezember 1966, BGBl. I S. 665.

Gesetz zur Neuordnung der Gemeindefinanzen vom 8. September 1969, BGBl. I S. 1587.

Gesetz zur Regelung des Finanz- und Lastenausgleichs mit den Gemeinden und Gemeindeverbänden für das Rechnungsjahr 1970, GV NW vom 24. März 1970, S. 201 ff.

Gemeindeordnung für das Land Nordrhein-Westfalen vom 21./28. Oktober 1952, GV NW 1952, S. 283.

Verordnung über die Aufstellung und Ausführung des Haushaltsplans der Gemeinden vom 26. Januar 1954, GV NW 1954, S. 59.

Verordnung über die Aufteilung und Auszahlung des Gemeindeanteils an der Einkommensteuer und die Abführung der Gewerbesteuerumlage vom 9. Dezember 1969, GV NW 1969, S. 904.

Gewerbesteuer-Durchführungsverordnung in der Fassung vom 22. Oktober 1969, BGBl. I S. 2037.

Gewerbesteuer-Richtlinien 1969 vom 25. Mai 1970, BAnz. Nr. 98 (Beilage)

Orientierungsdaten des Landes Nordrhein-Westfalen 1970. Runderlaß des Innenministers vom 19. 8. 1970, Ministerialblatt für das Land Nordrhein-Westfalen Nr. 141, S. 1475.

Blümich-Falk, Einkommensteuergesetz, Band II, 9. Aufl., Berlin und Frankfurt/M. 1964.

Blümich-Boyens-Steinbring-Klein-Hübl, Gewerbesteuergesetz, 8. Aufl., Berlin und Frankfurt/M. 1968.

Loschelder-Giere, Gemeindehaushaltsrecht, 2. Aufl., Stuttgart und Köln 1964.

Elsner, H., und Schüler, M., Das Gemeindefinanzreformgesetz. Komentar, Hannover 1970.

Anmerkungen

( 1) Die Arbeit beschäftigt sich im weiteren nur mit den Gemeinden; auch soweit von "kommunal" gesprochen wird, sind daher in der Regel lediglich die Gemeinden, nicht aber die Gemeindeverbände gemeint.

( 2) Der Begriff "Vorausschätzung" soll alle Voraussageverfahren umfassen, die - im Gegensatz zu einer bloßen Prophetie - eine theoretisch-wissenschaftliche Fundierung besitzen. Auf die methodologische Problematik sozialwissenschaftlicher Voraussagen kann im Rahmen dieser Arbeit nicht näher eingegangen werden. Vgl. hierzu die einschlägige Literatur: z.B. Albert, H., Theorie und Prognose in den Sozialwissenschaften, in: Logik der Sozialwissenschaften, hrsg. v. Topitsch, E., 6. Aufl., Köln-Berlin 1970, S. 126 ff.; Popper, K.R., Logik der Forschung, 3., vermehrte Auflage, Tübingen 1969; ders., Prognose und Prophetie in den Sozialwissenschaften, in: Logik der Sozialwissenschaften, a.a.O., S. 113 ff.; Gerfin, H., Langfristige Wirtschaftsprognose, Tübingen und Zürich 1964; Schmölders, G., Zum Problem der Prognose in der Wirtschaft, in: Universitas. Zeitschrift für Wissenschaft, Kunst und Literatur, 18. Jg., Heft 3, 1963, S. 237 ff.; Giersch, H. und Borchardt, K. (Hrsg.), Diagnose und Prognose als wirtschaftswissenschaftliche Methodenprobleme, Schriften des Vereins für Socialpolitik, N.F. Bd. 25, Berlin 1962; Ewringmann, D., Zur Voraussage kommunaler Investitionsbedarfe - Ein Beitrag zur positiven Theorie öffentlicher Bedarfe -, Opladen 1971, S. 25 ff.

( 3) Exemplarisch sei der Stoßseufzer eines Stadtkämmerers angeführt: "Die Erfahrung zeigt, daß eine Steuerschätzung auf 18 Monate im voraus und wiederum zerhackt auf Zeitabschnitte verschiedener Rechnungsjahre gegenwärtig kaum rational, sondern vorwiegend nur spekulativ aufgebaut ist." Mitteilungsblatt der Stadtverwaltung Essen, 55. Jg., 1967, S. 131.

( 4) Vgl. z.B. Theil, H., Economic Forecasts and Policy, 2. Aufl., Amsterdam 1961; ders., Applied Economic Forecasting, Chicago 1966; Bassie, L.V., Economic Forecasting, New York 1958; Menges, G., Ökonometrie, Wiesbaden 1961.

( 5) "Der Finanzplanungsrat ist der Auffassung, daß die Gemeinden und Gemeindeverbände bereits in der Übergangszeit bis zu der für 1973 vorgesehenen endgültigen gesetzlichen Regelung Finanzpläne aufstellen sollen." Bulletin des Presse- und Informationsamtes der Bundesregierung, Sitzung des Finanzplanungsrates am 17. April 1970, Nr. 55, 1970, S. 516.

( 6) Vgl. z.B. den Einführungserlaß des Landes Nordrhein-Westfalen: Runderlaß des Innenministers vom 7.7.1970 - III B 4 - 5/1031 - 4834/70 - Ministerialblatt für das Land Nordrhein-Westfalen Nr. 119, S. 1221.

( 7) "Bei der Reform des Gemeindehaushaltsrechts soll ... die Finanzplanung verbindlich in den Gemeindeordnung und den Gemeindehaushaltsverordnungen vorgeschrieben werden. Bis dahin haben die Innenminister der Bundesländer die kommunale Finanzplanung durch Erlasse geregelt ... Die Erlasse sprechen die Bitte an die Gemeinden (Gv.) aus, Finanzplanungen aufzustellen. Die Gemeinden (Gv.) sind hierzu aber wegen des Fehlens einer Vorschrift in einem Gesetz oder einer Verordnung rechtlich nicht verpflichtet." Meichsner-Seeger-Steenbock, Kommunale Finanzplanung, Köln 1970, Tz. B 4.12 f.

( 8) Heinig, K., Das Budget, 1. Band, Tübingen 1949, S. 15.

( 9) Vgl. Schmölders, G., Finanzpolitik, 3. Aufl., Berlin-Heidelberg-New York 1970, S. 64 ff.

(10) Lotz, W., Finanzwissenschaft, Tübingen 1917, S. 109. Im übrigen ist interessant, daß Lotz sich damals bereits gegen alle mechanischen Schätzungsverfahren wandte: "Es ist klar, daß alle mechanischen Grundsätze, die zeitweilig angewendet wurden, bei den Schätzungen sich an die Istziffern des vorangehenden oder des zweitletzten Jahres oder eines Durchschnitts von Jahren eventuell mit einem entsprechenden Zuschlage zu halten, weniger genau sein können, als eine Schätzung, die in Fühlung mit dem Gang des Wirtschaftlebens den Wandlungen der Konjunktur sich anpaßt." Ebenda, S. 109.

(11) Vgl. Neumark, F., Theorie und Praxis der Budgetgestaltung, in: HdF, 1. Band, 2. Aufl., Tübingen 1952, S. 573.

(12) Neumark, F., Theorie und Praxis der Budgetgestaltung, a.a.O., S. 558 f.

(13) Ebenda, S. 558.

(14) Neumark, F., Theorie und Praxis der Budgetgestaltung, a.a.O., S. 558.

(15) Schmölders, G., Finanzpolitik, a.a.O., S. 61.

(16) Neumark, F., Theorie und Praxis der Budgetgestaltung, a.a.O., S. 558 f.

(17) Neumark, F., Theorie und Praxis der Budgetgestaltung, a.a.O., S. 583.

(18) Ebenda, S. 559.

(19) Siehe S. f.

(20) Keller, T., Alte Budgetgrundsätze und neue Finanzpolitik, in: Theorie und Praxis des finanzpolitischen Interventionismus, Fritz Neumark zum 70. Geburtstag, Tübingen 1970, S. 372.

(21) Hedtkamp, G., Lehrbuch der Finanzwissenschaft, Neuwied und Berlin 1968, S. 85. Es sei aber darauf hingewiesen, daß Fälle der sog. selffulfilling prophecy denkbar sind, in denen die "ökonomisch-finanzielle Rationalität des Genauigkeitsprinzips" fragwürdig erscheint: "Wenn im Augenblick eines Konjunkturumbruchs, in dem die Beamten des Finanzministeriums davon überzeugt sind, daß es sich um den Beginn einer längerwährenden schweren Depression handelt, in Unternehmerkreisen jedoch noch die Überzeugung vorherrscht, es liege nur eine leichte 'recession' vor, ein Haushaltsplanentwurf vorgelegt wird, in dem die voraussichtlichen Rückwirkungen der zu erwartenden Depression voll berücksichtigt sind, so kann dank den ... psychologischen Reaktionen, die die in jenen Voranschlägen enthaltene Wirtschaftsprognose auslöst, eine Beschleunigung und Verschärfung des Deflationsprozesses eintreten". Neumark, F., Theorie und Praxis der Budgetgestaltung, a.a.O., S. 584.

(22) Vgl. Loschelder-Giere, Gemeindehaushaltsrecht, 2. Aufl., Stuttgart und Köln 1964, S. 83 ff.

(23) Loschelder-Giere, Gemeindehaushaltsrecht, a.a.O., S. 84.

(24) Gesetz zur Neuordnung der Gemeindefinanzen vom 8. September 1969, BGBl. I, S. 1587.

(25) Vgl. Finanzbericht 1970, S. 42.

(26) Vgl. §§ 7-9 GewStG.

(27) Vgl. zur finanzpolitischen Problematik der Gebühren die Monographie von Hansmeyer, K.H. und Fürst, D., Die Gebühren. Zur Theorie eines Instrumentariums der Nachfragelenkung bei öffentlichen Leistungen, Stuttgart 1968.

(28) Vgl. zu diesem Fragenkreis Leue, R., Die Problematik der Veranschlagung und Abwicklung des außerordentlichen Haushalts, in: Der Gemeindehaushalt, 64. Jg., 1963, S. 84 ff.; Reichstein, S., Die Kassenbestände im außerordentlichen Haushalt der Gemeinden. Die Problematik des § 92 (2) Gemeindeordnung Nordrhein-Westfalen. Finanzwissenschaftliche Forschungsarbeiten, hrsg. von Schmölders, G., Band 31, Berlin 1964.

(29) Die Einheitswerte für Grundbesitz werden grundsätzlich alle sechs Jahre durch eine sog. Hauptfeststellung neu festgelegt (§ 21 Abs. 1 Nr. 1 BewG). Dieser Grundsatz wurde aber in der Vergangenheit permanent durchbrochen, so daß die letzte steuerwirksame Hauptfeststellung der Einheitswerte auf den Bewertungsstichtag 1.1.1935 erfolgte. Da bei "Fortschreibungen" (§ 22 BewG) und "Nachfeststellungen" (§ 23 BewG) der Einheitswerte für Grundbesitz die Wertverhältnisse im Hauptfeststellungszeitpunkt zugrunde zu legen sind (§ 27 BewG), ist die Wertentwicklung seit dem 1.1.1935 erstarrt.

(30) Die Gemeinden erhalten gemäß § 1 GFRG 14 v.H. des Aufkommens an Lohnsteuer und an veranlagter Einkommensteuer.

(31) Gesetz über Steuerstatistiken vom 6. Dezember 1966 (BGBl. I S. 665).

(32) Eine Verkürzung der Aufbereitungszeiten dieser Statistiken wird sich kaum erreichen lassen, denn die "Ermittlung des Schlüssels für die Verteilung des Gemeindeanteils an der Einkommensteuer macht eine wesentliche Ausweitung der Lohn- u. Einkommensteuerstatistiken notwendig". Hansen, A., Auswirkungen der geplanten Gemeindefinanzreform. Ergebnis der steuerstatistischen Sonderuntersuchungen, in: Wirtschaft und Statistik, Wiesbaden 1969, S. 246.

(33) Vgl. hierzu: den Abschnitt "Vorüberlegungen zur Steuerschätzung" in den jährlichen Finanzberichten des Bundesministeriums der Finanzen, z.B. Finanzbericht 1970, S. 33 ff.; Schüler, M., u.a., Zur Finanzreform in der Bundesrepublik Deutschland, Schriftenreihe des Forschungsinstituts der Friedrich-Ebert-Stiftung,

Hannover 1964, S. 109 ff.; Wolkersdorf, L., Zur Frage der Berücksichtigung von Preissteigerungen bei den Steuerschätzungen, in: Bulletin des Presse- und Informationsamtes der Bundesregierung, Nr. 28 v. 1. März 1966, S. 217 ff.

(34) Zur Begründung dieses time-lag siehe S. f.

(35) Vgl. § 2 Abs. 1 Satz 1 GewStG.

(36) Vgl. hierzu S. ff.

(37) Vgl. Rheinisch-Westfälisches Institut für Wirtschaftsforschung (RWI), Sozialprodukt und Landessteuern in Nordrhein-Westfalen 1967-1973, Essen 1967; RWI, Entwicklung ausgewählter Steuerarten 1967-1972, Essen 1968; Löbbe, K., Die steuerlichen und ökonomischen Einkommen in der Bundesrepublik 1954-1966, Versuch einer Berechnung und Auswertung, in: Mitteilungen des RWI, 19. Jg., Berlin 1968, S. 29 ff.; Fischer, J., Die Ableitung der regionalen Branchenentwicklung aus gesamtwirtschaftlichen Vorausschätzungen, in: Mitteilungen des RWI, 19. Jg., Berlin 1968, S. 115 ff.; ders., Der trendmäßige Einfluß der gesamtwirtschaftlichen Nachfrageaggregate auf die sektorale und regionale Produktion, in: Mitteilungen des RWI, 20. Jg., Berlin 1969, S. 249 ff.

(38) Vgl. die Jahreswirtschaftsberichte der Bundesregierung, z.B. Jahreswirtschaftsbericht 1970, Bundestags-Drucksache VI/281 vom 27.1.1970. Hierbei wird davon ausgegangen, daß die Bundesregierung diese politischen Zielvorstellungen realisieren und dazu gegebenenfalls wirtschaftspolitische Maßnahmen ergreifen wird.

(39) Die Gliederung der Wirtschaftszweige folgt im wesentlichen der vom Statistischen Bundesamt im Rahmen der Volkswirtschaftlichen Gesamtrechnung benutzten Systematik. Vgl. Statistisches Bundesamt, Wirtschaft und Statistik, Stuttgart und Mainz 1968, S. 140.

(40) Es liegt auf der Hand, daß hierfür die Verwendung von Input-Output-Tabellen methodisch der optimale Ansatz wäre. Input-Output-Tabellen existieren jedoch in der erforderlichen Differenzierung bisher nur für wenige Stichjahre, nicht jedoch kontinuierlich über einen längeren Zeitraum hinweg.

(41) Die 16 Wirtschaftsbereiche sind: Land- und Forstwirtschaft; Bergbau; Energiewirtschaft; Chemische Industrie, Mineralölverarbeitung usw.; Gewerbe der Steine und Erden, Feinkeramik, Glasgewerbe; Eisen- und NE-Metallerzeugung und -bearbeitung; Stahl- und Maschinen- und Fahrzeugbau; Elektrotechnik, Feinmechanik, Optik, Herstellung von EBM-Waren usw.; Holz-, Papier- und Druckgewerbe; Textil-, Leder- und Bekleidungsgewerbe; Nahrungs- und Genußmittelgewerbe; Baugewerbe; Handel; Verkehr; Kreditinstitute und Versicherungsgewerbe; sonstige Dienstleistungen. Nicht einbezogen werden: Eisenbahnen, Nachrichtenübermittlung, Wohnungsvermietung, Staat, Private Haushalte und Private Organisationen ohne Erwerbscharakter.

(42) Nach § 7 GewStG ist der Gewerbeertrag "der nach den Vorschriften des Einkommensteuergesetzes oder des Körperschaftsteuergesetzes zu ermittelnde Gewinn aus dem Gewerbebetrieb, ...vermehrt oder vermindert um die in §§ 8 und 9 bezeichneten Beträge".

(43) Entwicklung ausgewählter Steuerarten 1967-1972, Gutachten des RWI, a.a.O., S. 41.

(44) Rothschild, K.W., Wirtschaftsprognose. Methoden und Probleme, Berlin-Heidelberg-New York 1969, S. 24.

(45) Vgl. Hilterscheid, H., Industrie und Gemeinde. Die Beziehungen zwischen der Stadt Wolfsburg und dem Volkswagenwerk und ihre Auswirkungen auf die kommunale Selbstverwaltung, Berlin 1970.

(46) Abschlußzahlungen aus der Veranlagung 1965, aus den Veranlagungsjahren vor der Basisveranlagung (1963 und früher) und aus Veranlagungsberichtigungen.

(47) Vgl. Stammer, F., Das Gewerbesteueraufkommen 1964 eine unbekannte Größe?, in: Der Gemeindehaushalt, 64. Jg., 1963, S. 265 ff.

(48) Vgl. Kirmse, K.W., Zur Anpassung der Gewerbesteuervorauszahlungen für 1957, in: Deutsche Gemeindesteuer-Zeitung, 7. Jg., 1957, S. 65 ff.; Höllig, Die Befugnis der Gemeinde zur Anpassung der Gewerbesteuervorauszahlungen, in: Deutsche Steuer-Zeitung, Ausgabe A, 1958, S. 332 f.; Blümich-Boyens-Steinbring-Klein-Hübl, Gewerbesteuergesetz, 8. Aufl. Berlin und Frankfurt/M., 1968, S. 890 ff.

(49) Für die Körperschaftsteuer verweist § 20 Abs. 1 KStG auf die Vorschriften des EStG.

(50) Vgl. Blümich-Falk, Einkommensteuergesetz, Band II, 9. Aufl., Berlin und Frankfurt/M. 1964, S. 2095 f.

(51) Arndt, K.D., Ein Gesetz zur Förderung der wirtschaftlichen Stabilität, in: Konjunkturpolitik, Zeitschrift für angewandte Konjunkturforschung, 12. Jg., Berlin 1966, S. 165.

(52) Vgl. zur finanzpolitischen Willensbildung in der Gemeinde: Schmölders, G., Kommunale Finanzpolitik, in: Handbuch der kommunalen Wissenschaft und Praxis, hrsg. v. Peters, H., 3. Band, Berlin-Göttingen-Heidelberg 1959, S. 31 ff.

(53) Vgl. Stammer, F., Das Gewerbesteueraufkommen 1964 eine unbekannte Größe?, a.a.O., S. 267.

(54) Vgl. Die Auswirkungen des Veranlagungsrhythmus auf die Steuereinnahmen, in: Finanzbericht 1965, S. 147 ff.

(55) Siehe S.

(56) Vgl. z.B. Statistisches Bundesamt, Wirtschaft und Statistik, Zahlenteil, Stuttgart und Mainz 1968, S. 539.

(57) Vgl. hierzu und zu den weiteren Komponenten der Gewerbeertragsteuer: Rose, G., Betrieb und Steuer. Erstes Buch: Die Ertragsteuern, Wiesbaden 1969, S. 174 ff.

(58) Vgl. das übersichtliche "Schema der Gewerbeertragsteuer-Ermittlung" ebenda, S. 245.

(59) Besondere Steuermeßzahlen bestehen daneben für Hausgewerbetreibende (§ 11 Abs. 3 GewStG) und für bestimmte Kreditinstitute (§ 11 Abs. 4 GewStG).

(60) Durchschnittliche Steuermeßzahl nach Gewerbeertrag =

$$\frac{\text{Meßbetrag}}{\text{Gewerbeertrag}} \times 100$$

(61) Vgl. im einzelnen Moezer, H.J., Die Zerlegung des einheitlichen Steuermeßbetrages, in: Der Betriebs-Berater, 1959, S. 952 ff.

(62) Jahresgutachten 1968 des Sachverständigenrates zur Begutachtung der gesamtwirtschaftlichen Entwicklung, BT-Drucksache V/3550, TZ 42.

(63) So z.B. eine Änderung der steuerrechtlichen Bestimmungen, die zur Ermittlung des gewerblichen Gewinns nach § 7 GewStG führen, oder der Einfluß, den die Gründung eines bedeutenden Betriebes auf die Wettbewerbs- und damit Ertragslage der übrigen Betriebe dieser Branche in der betreffenden Gemeinde ausübt.

(64) Vgl. S.

(65) Die Verweise beziehen sich auf das Bewertungsgesetz in der Fassung vom 10. Dezember 1965.

(66) Neben der Wertfortschreibung sind im Bewertungsgesetz zur Anpassung an geänderte Verhältnisse noch die sog. Art- und Zurechnungsfortschreibungen und die Nachfeststellungen vorgesehen (§§ 22 Abs. 2, 23 BewG).

(67) Eine besondere Regelung ist bei Veränderungen im Bestand von Grundstücken getroffen worden (vgl. § 24 GewStDV, Abschn. 79 GewStR 1969).

(68) Vgl. Wirtschaft und Statistik, Statistische Monatszahlen, Jahrgang 1969, herausgegeben vom Statistischen Bundesamt, Stuttgart und Mainz 1969, S. 191, S. 564 ff.

(69) Vgl. S.

(70) So lassen sich z.B. aus den Veröffentlichungen der Bilanzen ortsansässiger Aktiengesellschaften und der Umsatzentwicklung im Gemeindebereich durch die Industrie- und Handelskammer wichtige Rückschlüsse auf Veränderungen in der Wirtschaftsstruktur der Gemeinde und in der Stellung der kommunalen Wirtschaft zur gesamten Volkswirtschaft ziehen.

(71) Vgl. S. ff.

(72) Vgl. § 2 Abs. 1 StabG.

(73) Vgl. für das Jahr 1969: Jahreswirtschaftsbericht 1969 der Bundesregierung, BT-Drucksache v. 31.1.1969, S. 19 f. Zu Methode und Verfahren dieser Projektion vgl. Raabe, K.H., Prognosen und Projektionen der kurzfristigen Wirtschaftsentwicklung in der Bundesrepublik Deutschland, hrsg. vom Referat Presse und Information des Bundesministeriums für Wirtschaft, Bonn 1969.

(74) Vgl. S. ff.

(75) Vgl. Raabe, K.H., Prognosen und Projektionen der kurzfristigen Wirtschaftsentwicklung in der Bundesrepublik Deutschland, a.a.O., S. 9.

(76) Vgl. hierzu S.

(77) Der Rückgang betrug bei der veranlagten Einkommensteuer 6,8 v.H. und bei der Körperschaftsteuer 9,1 v.H. bei gleichzeitiger Zunahme der Lohnsteuer um 28,1 v.H.

(78) Der Bundesminister der Finanzen, Die Steuereinnahmen des Bundes und der Länder im Juni 1970 und im 1. Halbjahr 1970, Drucksache I A/6-Vw 1228-7/70 v. 22.7.1970.

(79) Vgl. die auf S. ff. entwickelte Morphologie der Gewerbesteuerzahlungen.

(80) Nach der Versendung der Steuerbescheide durch das Finanzamt muß die Gemeinde noch Gewerbesteuer- und "angepaßte" Vorauszahlungsbescheide erstellen, so daß nur für die bis etwa Ende Oktober vom Finanzamt abgeschlossenen Veranlagungen entsprechende Vorauszahlungsbescheide bis zum 15. November zugestellt sein dürften. Hieraus folgt, daß die "letzte Veranlagung" zumindest in Mittel- und Großgemeinden fast ausnahmslos mit der Basisveranlagung identisch ist. Ist die Bearbeitungszeit der Steuermeßbescheide in einer Gemeinde länger bzw. kürzer, so kann der Kämmerer seine Schätzung demgemäß modifizieren.

(81) Schon hier besteht aber für die Gemeinde ein politischer Spielraum. Wird nämlich das Ergebnis einer neuen Veranlagung erst zum zweiten oder einem späteren Vorauszahlungstermin wirksam, so kann (können) die Vorauszahlung(en) zwar so erhöht werden, daß sie zusammen mit der (den) bereits fälligen Vorauszahlung(en) dem Volumen dieser Veranlagung entspricht (entsprechen); die Gemeinde kann aber auch an den restlichen Vorauszahlungsterminen lediglich jeweils ein Viertel dieses Volumens verlangen und damit nur eine partielle Anpassung vornehmen (vgl. Blümich u.a., Gewerbesteuergesetz, a.a.O., S. 893). Der Kämmerer dürfte aber relativ gut darüber informiert sein, wie dieser fiskalpolitische Aktionsparameter seiner Gemeinde im kommenden Jahr angewendet wird - es wird nämlich allgemein nur bei außergewöhnlichen Umständen das bisher praktizierte Verfahren revidiert, so daß sich hieraus keine Schätzungsproblematik ergibt.

(82) Vgl. z.B. Bulletin des Presse- und Informationsamtes der Bundesregierung Nr. 30 vom 11. März 1969, S. 253, insbesondere Punkt 4 der Empfehlungen.

(83) Gesetz zur Neuordnung der Gemeindefinanzen vom 8. September 1969, BGBl. I, S. 1587.

(84) Vgl. Bulletin des Presse- und Informationsamtes der Bundesregierung, Nr. 55 vom 22. April 1970, S. 516.

(85) Vgl. zur allgemeinen Problematik mittelfristiger Finanzplanungen z.B. Kommission für die Finanzreform, Gutachten über die Finanzreform in der Bundesrepublik Deutschland, Stuttgart 1966, Tz. 477 ff.; Jöhr, W.A., u.a., Schätzung der Einnahmen und Ausgaben des Bundes 1966-1974. Bericht der Eidgenössischen Expertenkommission zur Bearbeitung der Grundlagen und Methoden einer langfristigen Finanzplanung im Bunde, St. Gallen 1966, insbes. S. 11 f.; Neumark, F., Planung in der öffentlichen Finanzwirtschaft, in: Schriften des Vereins für Socialpolitik, NF Bd. 45, Berlin 1967, S. 173 ff.; Albers, W., Einige Fragen zur mittelfristigen Finanzplanung, in: Geldtheorie und Geldpolitik, Günter Schmölders zum 65. Geburtstag, Berlin 1968, S. 201 ff.; Hettlage, K.M., Probleme einer mehrjährigen Finanzplanung, in: Finanzarchiv, NF Bd. 27, Tübingen 1968, S. 235 ff.; Grund, W., Die mehrjährige Finanzplanung des Bundes - Grundkonzeption, Methoden und ihre Problematik -, in: Planung III, Mittel und Methoden planender Verwaltung, hrsg. v. Kaiser, J.H., Baden-Baden 1968, S. 47 ff.; vgl. speziell unter dem Aspekt der kommunalen Finanzplanung: Giere, G., Mehrjahresplan und Haushaltsplan, in: Der Städtetag, 18. Jg., 1965, S. 71 f.; Evers, H., Mittelfristige Finanzplanung im kommunalen Bereich, in: Der Landkreis, 37. Jg., 1967, S. 219 ff.; Deutscher Städtetag, Mittelfristige Finanzplanung, Arbeitsunterlage zur 14. Hauptversammlung des Deutschen Städtetags vom 21. bis 23. Juni 1967 in Bremen; Bernauer, E., Mittelfristige Finanzplanung der Gemeinde, in: Der Gemeindehaushalt, 69. Jg., 1968, S. 105 ff. Meichsner-Seeger-Steenbock, Kommunale Finanzplanung, Köln 1970.

(86) Vgl. z.B. Mittelfristige Finanzvorschau 1968-1973 der Landeshauptstadt Hannover, 1967, S. 28.

(87) Vgl. hierzu auch den Abschnitt "Finanzplanung und Konjunkturpolitik" im Finanzbericht 1969, S. 119 ff., insbes. S. 124 ff.

(88) Ebenda, S. 129.

(89) Schmölders weist darauf hin, daß alle mathematischstatistisch orientierten Prognosemethoden "nur zur Vorhersage von gleichmäßig anhaltenden Trendbewegungen geeignet (sind), wie sie bei Strukturwandlungen oder beim gesamtwirtschaftlichen Wachstum vorliegen. Bei der Voraussage von konjunkturellen Veränderungen müssen sie notwendig versagen, da sie nur "rein" ökonomische Faktoren und ihr Größenverhältnis untereinander berücksichtigen, während die Konjunkturschwankungen weitgehend von menschlichen Reaktionen wenn nicht ausgelöst, so doch verstärkt und in ihrem Ausmaß bestimmt werden, d.h. weitgehend unabhängig von jeglichem rationalen ökonomischen Kalkül" Er folgert daraus:

"Mehr noch als jeder andere Zweig der Wirtschaftsforschung muß die Konjunkturprognose infolgedessen Verhaltensprognose sein ... Dabei ist von vornherein klar, daß relativ kurzfristige Aussagen über menschliche Verhaltensweisen im Wirtschaftsleben zwar noch einigermaßen zuverlässig sind, daß aber jede Verlängerung des Voraussagezeitraums mit Opfern an Treffsicherheit erkauft werden muß". Schmölders, G., Das Problem der Prognose in der Wirtschaft, in: BDV-Jahresheft, hrsg. vom Bundesverband Deutscher Volks- und Betriebswirte e.V., Bezirksgruppe Südhessen, Darmstadt 1963, S. 22.

(90) Vgl. z.B. Jahreswirtschaftsbericht der Bundesregierung, Bundestags-Drucksache VI/281 vom 27.1.1970, S. 44 ff.

(91) Raabe, K.-H., Projektionen der mittelfristigen Wirtschaftsentwicklung in der Bundesrepublik Deutschland, hrsg. von der Pressestelle des Bundesministeriums für Wirtschaft, Bonn 1969, S. 8.

(92) Vgl. z.B. Neumark, F., Grundsätze und Arten der Haushaltsführung und Finanzbedarfsdeckung, in: Wirtschafts- und Finanzprobleme des Interventionsstaates, Tübingen 1961, S. 166 ff.

(93) Gemäß § 6 Abs. 2 StabG dürfen zusätzliche Mittel zur Rezessionsbekämpfung nur für Zwecke verwendet werden, die im Finanzplan vorgesehen sind. Außerdem sollen die notwendigen Deckungsmittel zunächst der Konjunkturausgleichsrücklage entnommen werden.

(94) Gemäß § 50 Abs. 2 und 3 HGrG ist das erste Planungsjahr der Finanzplanung das laufende Haushaltsjahr; der Finanzplan kann den gesetzgebenden Körperschaften spätestens im Zusammenhang mit dem Entwurf des Haushaltsgesetzes für das nächste Haushaltsjahr vorgelegt werden - was der tatsächlichen Übung entspricht -, so daß für die ersten beiden Planungsjahre der Finanzplanung bereits Haushaltspläne vorliegen.

(95) Noch augenfälliger ist der Einfluß exogener Faktoren auf das Aufkommen bei der Vorausschätzung der Finanzzuweisungen, vgl. unten S. 116 ff.

(96) Auch Raabe weist auf die Schwierigkeiten bei der Berücksichtigung der Wirtschaftspolitik für mittelfristige Projektionen hin: "Bei jeder Vorausschätzung der allgemeinen Wirtschaftsentwicklung müssen Annahmen oder Hypothesen über die Wirtschaftspolitik und deren Ziele gemacht werden. Diese Annahmen können nur explizite dargelegt werden oder aber stillschweigend in den Ansätzen und damit in den Ergebnissen enthalten sein. Änderungen der Verhaltensweisen bei den Entscheidungsträgern für die Wirtschaftspolitik oder Änderungen ihrer Zielsetzungen haben bei Vorausschätzungen der kurzfristigen Wirtschaftsentwicklung jedoch einen erheblich geringeren Einfluß als bei mittelfristigen Projektionen. Bei kurzfristigen Prognosen werden zwar die einzelnen wirtschaftspolitischen Maßnahmen, die mit hohem Wahrscheinlichkeitsgrad in der Prognoseperiode in Kraft treten, berücksichtigt, darüber hinaus wird jedoch meistens die Annahme einer gleichbleibenden Wirtschaftspolitik mit unveränderten Zielen implizite unterstellt. Für einen mittelfristigen Zeitraum geht es dagegen weniger um die Auswirkungen einzelner wirtschaftspolitischer Maßnahmen, sondern hier ist der Einfluß der allgemeinen Wirtschaftspolitik auf die Ergebnisse von ungleich größerer Bedeutung...", Raabe, K.-H., Projektionen der mittelfristigen Wirtschaftsentwicklung, a.a.O., S. 7.

(97) Evers, H., Mittelfristige Finanzplanung im kommunalen Bereich, a.a.O., S. 221.

(98) Dieses Dilemma hat im staatlichen Bereich inzwischen zu der Einsicht geführt, daß die Gemeinden bei ihrer Finanzplanung auf Orientierungsdaten angewiesen sind. So weisen die erstmals 1970 erlassenen "Orientierungsdaten des Landes Nordrhein-Westfalen" (vgl. Runderlaß des Innenministers vom 19.8.1970, Ministerialblatt für das Land Nordrhein-Westfalen Nr. 141, S. 1475) die erwarteten jährlichen prozentualen Veränderungen der Steuereinnahmen, aufgespalten in Anteil an der Einkommensteuer, Gewerbesteuer und übrige Gemeindesteuern, der Zuweisungen des Bundes und des Landes, die in allgemeine Zuweisungen, zweckgebundene Zuweisungen für laufende Zwecke und zweckgebundene Zuweisungen für Investitionen aufgegliedert werden, und der Personalausgaben für die Jahre 1971 bis 1974 aus. Diese Orientierungsdaten entheben aber die Gemeinde nicht der Notwendigkeit einer eigenen Schätzung, sondern sind - darauf weist der Erlaß mit Recht hin - nur Durchschnittswerte für den Bereich des Landes und können lediglich Anhaltspunkte für die Finanzplanung der Gemeinden sein.

(99) Vgl. Kommission für die Finanzreform, Gutachten über die Finanzreform in der Bundesrepublik Deutschland, a.a.O., Tz. 481 f.

(100) Vgl. hierzu z.B. die Abschnitte "Koordinierung der Finanzplanungen" im Finanzbericht 1969, S. 135 ff. und im Finanzbericht 1970, S. 151 ff.; Hagemann, G., Beziehungen zwischen mittelfristiger Finanzplanung und Finanzverfassung im föderativen Staat unter besonderer Berücksichtigung der Verhältnisse in der Bundesrepublik Deutschland, in: Beihefte der Konjunkturpolitik, Heft 15, Berlin 1968, S. 48 f.; Neumark, F., Planung in der öffentlichen Finanzwirtschaft, a.a.O., S. 195 ff.

(101) Finanzbericht 1970, S. 151.

(102) Fischer-Menshausen, H., Mittelfristige Finanzplanung im Bundesstaat, in: Planung III, a.a.O., S. 103.

(103) Daraus folgerte der Finanzplanungsrat in seinen Thesen zur "Einbeziehung der Gemeinden in die Finanzplanungen", daß die einzelnen Länder - neben den allgemeinen Empfehlungen des Finanzplanungsrates - ergänzende Empfehlungen für ihre Gemeinden geben sollten, "damit von vornherein das Ziel einer Abstimmung der Finanzplanungen der Gemeinden mit der Finanzplanung des Landes erreicht wird". Vgl. Bulletin des Presse- und Informationsamtes der Bundesregierung, Nr. 30 vom 11. März 1969, S. 254.

(104) Fischer-Menshausen, H., Mittelfristige Finanzplanung im Bundesstaat, a.a.O., S. 86.

(105) Bei progressiv ausgestalteten Steuern weicht zudem das Aufkommen bei konjunkturellen Schwankungen vom Aufkommen bei gleichmäßigem wirtschaftlichen Wachstum ab.

(106) Berkenhoff, H.A. und Sindermann, W., Das Haushaltswesen der Gemeinden, 4. Aufl., Herford und Berlin 1963, S. 23.

(107) Jäger, K.H., Kommunale Aufgabenstellung und staatliche Finanztransfers an die Gemeinden, Diss., Frankfurt 1968, S. 85.

(108) Vgl. Popitz, J., Der künftige Finanzausgleich zwischen Reich, Ländern und Gemeinden, Berlin 1932, S. 200 f.; vgl. zu allgemeinen Problemen des Finanzausgleichs weiterhin z.B. Albers, W., Finanzausgleich, in: HdSW, 3. Band, Stuttgart-Tübingen-Göttingen 1961, S. 553 ff.; Bickel, W., Der Finanzausgleich, in: HdF, 2. Band, 2. Aufl., Tübingen 1956, S. 730 ff.; Hacker, H., Finanzausgleich, in: Handbuch der kommunalen Wissenschaft und Praxis, 3. Band, a.a.O., S. 395 ff.

(109) Hacker, H., Finanzausgleich, a.a.O., S. 398.

(110) Gesetz zur Regelung des Finanz- und Lastenausgleichs mit den Gemeinden und Gemeindeverbänden für das Rechnungsjahr 1970, Gesetz- und Verordnungsblatt für das Land Nordrhein-Westfalen vom 24. März 1970, Ausgabe A, Nr. 28, 24. Jg., 1970, S. 201 ff.

(111) Vgl. hierzu Jäger, K.H., Kommunale Aufgabenstellung und staatliche Finanztransfers an die Gemeinden, a.a.O., insbes. S. 86 ff. und S. 135 ff.; Klein, H.G., Der kommunale Finanzausgleich 1970 in Nordrhein-Westfalen, in: Der Gemeindehaushalt, 71 Jg., 1970, S. 73 ff.

(112) Außer diesen 1,24 Mrd. DM im Rahmen des Steuerverbunds erhielten die Gemeinden gemäß FAG NW 1970 noch 1,61 Mrd. DM an Zweckzuweisungen außerhalb des Steuerverbunds. Dazu kamen noch zweckgebundene Zuweisungen, die außerhalb des FAG 1970 gewährt wurden, und zwar insbesondere für wasserwirtschaftliche Maßnahmen, Familien- und Jugendhilfe, Sozial- und Gesundheitswesen.

(113) Von den 89,45 Mio DM des Ausgleichsstocks sind z.B. bis zu 30 Mio DM für Investitionszuschüsse an Gemeinden und Kreise aus Anlaß kommunaler Neugliederungen vorgesehen (vgl. § 11 Abs. 2 a FAG NW 1970).

(114) Auf die Zweckmäßigkeit des Verteilungsverfahrens kann im Rahmen dieser Arbeit nicht näher eingegangen werden. Vgl. hierzu z.B. Schmölders, G., "Finanzstarke" und "finanzschwache" Gemeinden. Zur Frage der Typisierung kommunaler Gebilde nach finanzwirtschaftlichen Strukturmerkmalen, in: Archiv für Kommunalwissenschaften, 1965, S. 30 ff.; Blankenburg, J., Die Typisierung der Gemeinden nach sozialökonomischen und finanzwirtschaftlichen Strukturmerkmalen, Forschungsberichte des Landes Nordrhein-Westfalen, Nr. 1664, Köln und Opladen 1965.

(115) Brechtsches "Gesetz der parallelen Progression zwischen Staatsausgaben und Bevölkerungsmassierung". Vgl. Brecht, A., Internationaler Vergleich der öffentlichen Ausgaben, in: Grundfragen der internationalen Politik, Vorträge des Carnegie-Lehrstuhls für Außenpolitik und Geschichte an der Deutschen Hochschule für Politik, Heft 2, Leipzig-Berlin 1932.

(116) Dabei ist zu beachten, daß diese Berechnung in mehreren Stufen vor sich gehen muß, da gerade infolge der Tatsache, daß der Grundbetrag anfänglich unbekannt ist, zunächst auch nicht bekannt ist, bei welchen Gemeinden die Ausgangspunktzahl größer als die Steuerkraftmeßzahl ist.

(117) Vgl. zu den technischen Einzelheiten und den Sonderregelungen infolge der Gemeindeneugliederung § 6 FAG NW 1970.

(118) Vgl. § 4 Abs. 2 Satz 2 FAG NW 1970.

(119) Vgl. Mittelfristige Finanzplanung des Landes Nordrhein-Westfalen 1970 bis 1974, Landtags-Drucksache 7/101, S. 220 f.

(120) Vgl. § 3 Abs. 2 der Verordnung über die Aufteilung und Auszahlung des Gemeindeanteils an der Einkommensteuer und die Abführung der Gewerbesteuerumlage vom 9. Dezember 1969. Gesetz- und Verordnungsblatt für das Land Nordrhein-Westfalen 1969, S. 904.

(121) Zwei Ausnahmen sind allerdings möglich: Einmal können sich Veränderungen gegenseitig aufheben, z.B. bei gleichzeitiger Steigerung der Steuerkraftmeßzahlen und Abnahme der Schlüsselmasse; zum anderen haben Entwicklungen bei "reichen" Gemeinden, die ohnehin keine Schlüsselzuweisungen erhalten, keinen Einfluß auf die Höhe des Grundbetrages.

(122) Steenbock, R., Kommunale Finanzplanung - wozu und wie?, in: Der Gemeindehaushalt, 71. Jg., 1970, S. 218.

(123) Vgl. Mittelfristige Finanzplanung des Landes Nordrhein-Westfalen 1970 bis 1974, Landtags-Drucksache 7/101, S. 218 ff.

(124) Die Ansätze der Schlüsselzuweisungen in den ersten beiden Jahren der fünfjährigen Planperiode werden Haushaltsplan und Haushaltsplanentwurf entnommen. Vgl. S.  f.
Bei der jährlichen Fortschreibung der Finanzplanung haben also die Gemeinden die dem letzten Informationsstand angepaßten Werte des dritten und vierten Jahres und die "neuen" Gesamtansätze und Steuerkraftmeßzahlen des fünften Jahres der Planperiode dem Statistischen Landesamt zu melden.

(125) Evers, H., Mittelfristige Finanzplanung im kommunalen Bereich, a.a.O., S. 219.

(126) Krane, W., und Blankenstein, H., Zweckgebundene staatliche Zuwendungen, in: Der Gemeinderat, 23. Jg., 1969, S. 35. Diese Veröffentlichung soll den Gemeinden einen Überblick über die Möglichkeiten zur Beschaffung von Zweckzuwendungen vermitteln.

(127) In Anlehnung an Fuchs, M., Zweckgebundene Zuweisungen - Hilfe oder Last für die Gemeinden?, in: Der Gemeindehaushalt, 70 Jg., 1969, S. 146 f. und Hansmeyer, K.H., Zweckzuweisungen an Gemeinden als Mittel der Wirtschaftspolitik?, in: Theorie und Praxis des finanzpolitischen Interventionismus. Fritz Neumark zum 70. Geburtstag. Tübingen 1970, S. 432 ff.

(128) Hansmeyer, K.H., Zweckzuweisungen an Gemeinden als Mittel der Wirtschaftspolitik?, a.a.O., S. 433.

(129) Krane, W., und Blankenstein, H., Zweckgebundene staatliche Zuwendungen, a.a.O., S. 34.

(130) Vgl. Hansmeyer, K.H., Zweckzuweisungen an Gemeinden als Mittel der Wirtschaftspolitik?, a.a.O., S. 433 f.

(131) Vgl. Demny, I., Die Gefahr einer Einschränkung der Autonomie der Gemeinden durch die Zweckzuweisungen, erläutert am Beispiel Nordrhein-Westfalen, Diss., Köln 1966, S. 58 f.

(132) "Es entwickelt sich eine fragwürdige Lobby. Täglich sind zahllose Parlamentarier und Beamte unterwegs zu den Bewilligungsbehörden. Anträge, um die man sich nicht ständig kümmert, werden bestenfalls viel zu spät berücksichtigt". Krane, W. und Blankenstein, H., Zweckgebundene staatliche Zuwendungen, a.a.O., S. 34.

(133) Das Idealbild einer koordinierten Haushalts- und Finanzplanung aller öffentlichen Haushalte läßt sich erst nach einem langwierigen politischen Lernprozeß verwirklichen und wird deshalb - trotz Einrichtung des Finanzplanungsrates - vorerst ein Wunschtraum bleiben.

(134) Auf die Bedeutung der kommunalen Aufsichtsbehörde für die Zuteilung von Zweckzuweisungen an die Gemeinden weist Glass hin: "Wenn auch die Aufsichtsbehörde selbst nicht als Verfügungsberechtigte über die vorhandenen Finanzmittel auftritt, so ist sie doch bei der Verteilung der Mittel maßgeblich beteiligt, indem sie als Staatsorgan, das mit den örtlichen Verhältnissen vertraut ist, Empfehlungen ausspricht, die mangels anderer Informationen als verbindlich angesehen werden

(135) Hansmeyer, K.H., Zweckzuweisungen an Gemeinden als Mittel der Wirtschaftspolitik?, a.a.O., S.443 f.

(136) Fuchs, M., Zweckgebundene Zuweisungen - Hilfe oder Hast für die Gemeinden?, a.a.O., S.169.

(137) Vgl. zur Konsequenz dieser zeitlichen Verschiebung: ebenda, S.170.

# Forschungsberichte des Landes Nordrhein-Westfalen

Herausgegeben im Auftrage des Ministerpräsidenten Heinz Kühn
vom Minister für Wissenschaft und Forschung Johannes Rau

## Sachgruppenverzeichnis

### Acetylen · Schweißtechnik
Acetylene · Welding gracitice
Acétylène · Technique du soudage
Acetileno · Técnica de la soldadura
Ацетилен и техника сварки

### Arbeitswissenschaft
Labor science
Science du travail
Trabajo científico
Вопросы трудового процесса

### Bau · Steine · Erden
Constructure · Construction material · Soilresearch
Construction · Matériaux de construction · Recherche souterraine
La construcción · Materiales de construcción · Reconocimiento del suelo
Строительство и строительные материалы

### Bergbau
Mining
Exploitation des mines
Minería
Горное дело

### Biologie
Biology
Biologie
Biologia
Биология

### Chemie
Chemistry
Chimie
Quimica
Химия

### Druck · Farbe · Papier · Photographie
Printing · Color · Paper · Photography
Imprimerie · Couleur · Papier · Photographie
Artes gráficas · Color · Papel · Fotografía
Типография · Краски · Бумага · Фотография

### Eisenverarbeitende Industrie
Metal working industry
Industrie du fer
Industria del hierro
Металлообработывающая промышленность

### Elektrotechnik · Optik
Electrotechnology · Optics
Electrotechnique · Optique
Electrotécnica · Optica
Электротехника и оптика

### Energiewirtschaft
Power economy
Energie
Energía
Энергетическое хозяйство

### Fahrzeugbau · Gasmotoren
Vehicle construction · Engines
Construction de véhicules · Moteurs
Construcción de vehículos · Motores
Производство транспортных средств

### Fertigung
Fabrication
Fabrication
Fabricación
Производство

### Funktechnik · Astronomie
Radio engineering · Astronomy
Radiotechnique · Astronomie
Radiotécnica · Astronomía
Радиотехника и астрономия

## Gaswirtschaft
Gas economy
Gaz
Gas
Газовое хозяйство

## Holzbearbeitung
Wood working
Travail du bois
Trabajo de la madera
Деревообработка

## Hüttenwesen · Werkstoffkunde
Metallurgy · Materials research
Métallurgie · Matériaux
Metalurgia · Materiales
Металлургия и материаловедение

## Kunststoffe
Plastics
Plastiques
Plásticos
Пластмассы

## Luftfahrt · Flugwissenschaft
Aeronautics · Aviation
Aéronautique · Aviation
Aeronáutica · Aviación
Авиация

## Luftreinhaltung
Air-cleaning
Purification de l'air
Purificación del aire
Очищение воздуха

## Maschinenbau
Machinery
Construction mécanique
Construcción de máquinas
Машиностроительство

## Mathematik
Mathematics
Mathématiques
Matemáticas
Математика

## Medizin · Pharmakologie
Medicine · Pharmacology
Médecine · Pharmacologie
Medicina · Farmacología
Медицина и фармакология

## NE-Metalle
Non-ferrous metal
Metal non ferreux
Metal no ferroso
Цветные металлы

## Physik
Physics
Physique
Física
Физика

## Rationalisierung
Rationalizing
Rationalisation
Racionalización
Рационализация

## Schall · Ultraschall
Sound · Ultrasonics
Son · Ultra-son
Sonido · Ultrasónico
Звук и ультразвук

## Schiffahrt
Navigation
Navigation
Navegación
Судоходство

## Textilforschung
Textile research
Textiles
Textil
Вопросы текстильной промышленности

## Turbinen
Turbines
Turbines
Turbinas
Турбины

## Verkehr
Traffic
Trafic
Tráfico
Транспорт

## Wirtschaftswissenschaften
Political economy
Economie politique
Ciencias económicas
Экономические науки

Einzelverzeichnis der Sachgruppen bitte anfordern

GPSR Compliance

*The European Union's (EU) General Product Safety Regulation (GPSR) is a set of rules that requires consumer products to be safe and our obligations to ensure this.*

*If you have any concerns about our products, you can contact us on ProductSafety@springernature.com*

In case Publisher is established outside the EU, the EU authorized representative is:

Springer Nature Customer Service Center GmbH
Europaplatz 3
69115 Heidelberg, Germany

**Batch number: 10809636**

Printed by Printforce, the Netherlands